LUÍS SIMÕES

Os Sabores da Língua Portuguesa

Receitas de Angola, Brasil, Cabo Verde, Guiné-Bissau, Guiné Equatorial, Moçambique, Portugal, São Tomé e Príncipe e Timor-Leste

MELHORAMENTOS

Sumário

Quem é Luís Simões? 5
Agradecimentos 5
Apresentação 6
A cozinha que fala português 8
Um jovem mestre 10
Um patrimônio gastronômico voltado para o futuro 12
Uma reflexão sobre a CPLP 14

Angola 18

Sopa Fria Angolana 22
Peixe-Espada Empanado em Coco com Funge de Milho e Molho de Açafrão 24
Muamba de Galinha com Kizaca 26
Mousse de Banana com Crocante de Jinguba 28

Brasil 30

Acarajé de Camarão com Salada de Papaia Verde 34
Pirão de Peixe com Tomate Grelhado 36
Peito de Pato Confitado com Tucupi e Abóbora-Moranga Assada 38
Brigadeiro de Caipirinha com Espuma de Limão e Hortelã 40

Cabo Verde 42

Salada de Lagosta e Goiaba 46
Bife de Atum de Cebolada com Xerém de Rolon 48
Lombinho de Cabrito Estufado com Inhame e Marmelo Picante 50
Pudim de Papaia com Creme de Coco e Limão 52

Guiné-Bissau 54

Pitch-Patch com Espuma de Coentro 58
Filé de Pargo em Infusão de Baguitche com Manga Verde e Camate Sinho 60
Costeleta de Gazela com Candja e Purê de Abóbora 62
Crocante de Banana com Caju e Sorvete de Tamarindo 64

Guiné Equatorial 66

Pepesup com Pérola de Arroz e Amendoim 70

Lomandoha de Lagostim com Refogado de Folhas de Malanga 72

Perna de Faisão Confitada em Coco com Attieke de Banana 74

Aloso Godo Jojondjo com Manga 76

Moçambique 78

Caranguejo Gratinado com Coco 82

Caril da Zambézia com Mucapata de Banana e Canela 84

Chacuti de Galinha com Farofa de Amendoim e Purê de Batata-Doce 86

Sopa de Ananás de Muxungue com Sorvete de Coco 88

Portugal 90

Salada de Polvo com Maçã Verde 94

Bacalhau Assado com Purê de Grão-de-Bico e Coentro 96

Lombinho de Porco com Camarão, Migas de Castanha Portuguesa e Couve Portuguesa 98

Pudim Abade de Priscos com Pera Bêbada e Creme de Requeijão e Laranja 100

São Tomé e Príncipe 102

Salada de Búzios do Mar com Cajá-Manga e Carambola 106

Filé de Andala com Ananás Grelhado e Tamarindo 108

Perna de Frango Recheada com Molho de Calulu e Angu de Banana-Pão 110

Fiote com Chocolate 112

Timor-Leste 114

Creme de Abacate com Sasate de Frango 118

Rolinho de Saboko com Purê de Batata-Doce Roxa e Budu Tasi 120

Tukir de Cabrito com Katupa, Kinur e Flor de Papaia 122

Hudi Sona com Sorvete de Ailia e Coco 124

Glossário 126

Quem é Luís Simões?

Luís nasceu em Ponte de Vagos, Portugal, em 1990, mas considera "sua" terra a Praia de Mira, onde passou a infância. A cozinha entrou na sua vida quando ainda era pequeno, por necessidade, mas o gosto pela horta, pelos sabores e pelos aromas rapidamente tornou-se a sua principal ocupação.

Com apenas 14 anos foi para Coimbra estudar na Escola de Hotelaria e Turismo de Coimbra, onde se graduou no curso de Cozinha e Pastelaria. Durante esse período, viu-se obrigado a crescer e a fazer algo mais. Sua curiosidade e vontade de aprender levaram-no a trabalhar *part-time*, simultaneamente aos estudos, em *catering* e em vários hotéis da cidade.

Licenciou-se em Produção Alimentar em Restauração na Escola Superior de Hotelaria e Turismo do Estoril e fez mestrado em Gestão e Direção Hoteleira na Escola Superior de Turismo e Tecnologia do Mar, do Instituto Politécnico de Leiria.

Destacam-se no seu percurso experiências profissionais em grandes grupos hoteleiros, como Ritz Carlton em Tenerife (Ilhas Canárias), Grupo Hilton em Praga (República Tcheca) e Grupo Pestana em São Tomé e Príncipe. A sua última estada em terras portuguesas foi como assistente do diretor de operações na Pestana Management, em Lisboa.

Foi chef executivo no Hotel Novo Turismo, em Díli (Timor-Leste), num espaço aberto por ele em 2014. Atualmente, além de chefe executivo, é diretor de operações nesse mesmo hotel. Uma verdadeira escola pessoal e profissional que, como o próprio Luís Simões diz, é “uma contribuição a um jovem país que, para um jovem como eu, dá sentido à vida”.

Este é o seu primeiro livro, publicado originalmente em Portugal.

Agradecimentos

Às pessoas que fazem parte da minha vida... Obrigado!

Aos meus pais, Carlos e Paula, e aos meus irmãos, Miguel, Tatiana e João, que sempre me apoiam com amor, carinho e compreensão.

A Paula Oliveira, Eugénia Sousa, Gonçalo Mendes, Lurdes Ferreiro e o restante da equipe da Obra do Frei Gil, pelo carinho, amizade, dedicação e orientação.

A Susana Teixeira, Tiago Rodrigues, Rita Madaleno, Estevão Lopes, Inês Santos, António Fortuna, Rita Morais, Francisco Pereira, Mina e família Bessa, Nuno Reis, Youdmila Mata, Sofia Almeida, Maria Genoveva Rivera, Telmo Santos, Filipe Mateus, Alaíde Agripino, Diana Matei, família Cunha, Ana Paula, Sónia Fonseca, entre outros amigos, pelo carinho, a preocupação, a amizade, o companheirismo, as palavras de incentivo e por estarem ao meu lado nos bons e maus momentos.

Agradecimento especial às pessoas que me ajudaram com valiosas opiniões e textos na edição original deste livro: doutor José Ramos-Horta, embaixador Murade Murargy, Mário Costa, Virgílio Gomes, Fernando Torrão Alves, Nilton dos Santos, Pedro Moreno, Jaime Xavier, António Pedro e Renato Freitas.

Apresentação

Este livro poderia ser simplesmente uma compilação de receitas tradicionais, mas viver no passado não é o caminho que me proponho a percorrer. No entanto, reconheço que a tradição é fundamental para o presente e os seus sábios ensinamentos são, em todos os níveis, essenciais para que cada um de nós possa crescer de forma sustentada em todas as dimensões da vida. Contudo, para que a tradição do passado faça-se presente, é imperativo inovar e, com criatividade, recriar e reinterpretar conceitos, sabores e aromas, marcando as tradições com o melhor que cada geração, em seu tempo, tem a oferecer.

Nesta obra, procurei recriar e reinterpretar pratos bem conhecidos de cada um dos Estados-membros da Comunidade dos Países de Língua Portuguesa (CPLP), mas também não resisti ao impulso de imaginar e construir novas receitas e novos sabores, a partir dos ingredientes que as populações cotidianamente utilizam e que pretendo que se tornem ilustrativos da criatividade e da vitalidade da gastronomia lusófona.

Apesar do esforço de preservação da singularidade e da qualidade de cada prato, não podemos deixar de reconhecer em cada um deles a influência da cultura gastronômica portuguesa, principalmente em alguns dos aromas e sabores que resultaram do contato desses povos com os frutos, os legumes, as árvores e as especiarias que os navegadores lusitanos transportaram pelas rotas marítimas que percorreram ao longo de séculos de História, num misto de fascínio pela aventura e pela descoberta de novas culturas.

Com este trabalho, proponho-me a preservar a identidade gastronômica de cada um dos povos lusófonos que retrato, reconhecendo que, se por um lado os produtos e técnicas tradicionais representam a sensibilidade, o gosto e a própria cultura de um povo, por outro, a coragem de reinventar, recriar e inovar reflete bem a vivacidade do seu espírito e o seu anseio por abraçar com intensidade um futuro que continua a nos surpreender, fascinar e desafiar.

Importante dizer que alguns nomes de ingredientes e receitas, por serem típicos dos países tratados nesta obra, podem causar estranheza ao leitor. Portanto, no final deste livro você encontrará um pequeno glossário que explica de maneira simples e direta certos ingredientes, receitas e técnicas que aparecem nas receitas. Quando um ingrediente ou nome de receita estiver explicado no glossário, o termo estará marcado com um asterisco*.

Cozinhar é, sem dúvida alguma, uma arte, e creio que falo em nome de muitos colegas de profissão quando digo que por mais que se aprenda e teste várias vezes uma receita, exatamente como minha mãe fazia, só ela consegue aquele sabor, aquela textura, aquele aroma. As mães são a fonte de inspiração de muitos, e eu não sou exceção. Elas não precisam de moldes, não precisam de flores, não precisam de espumas, utilizam meramente a paixão que têm por aquilo que fazem, os ensinamentos que passaram de geração a geração e a simplicidade dos ingredientes produzidos de forma natural.

A rota de sabores, aromas e texturas que me proponho a percorrer ao longo deste trabalho tem a intenção de reforçar os laços ancestrais que unem os povos lusófonos, reconhecendo as semelhanças que compartilham e valorizando as diferenças de cada um como algo que os define.

Espero que gostem das propostas que lhes ofereço!

Luís Simões

A cozinha que fala português

Toda nau, caravela ou galeão que zarpava de Portugal entre os séculos XV e XVII, na era dos descobrimentos, para singrar mares nunca antes navegados ou consolidar rotas de comércio, tinha a bordo um fogão. Ficava na parte alta do convés, junto à proa, e, apesar do risco permanente de incêndio numa embarcação de madeira, era aceso regularmente.

Debaixo do convés estavam armazenados os alimentos, guardados como preciosidades: carne e peixes salgados, azeite, vinagre, cebola, arroz, queijo, vinho, água para beber ou cozinhar e um biscoito duro assado em Lisboa. Os capitães ainda podiam levar galinhas e ovelhas, que abatiam para reforçar a dieta marítima. Faltam referências mais claras, mas certamente as embarcações levavam embutidos de porco, mel de abelha e doces de tacho.

Só quando alcançavam uma terra desconhecida ou já descoberta, os navegadores portugueses se sentiam à vontade para preparar a comida, até porque se interessavam em provar os ingredientes locais. Assimilavam tudo o que gostavam e levavam embora.

Além disso, apresentavam aos povos que encontravam uma cozinha avançadíssima para a época, à base de legumes, verduras e certos tipos de grãos; em caldos e ensopados; uma cozinha baseada fundamentalmente no cozido, no tostado e no assado e que dominava as técnicas de refogar e fritar, desconhecidas mundo afora.

Encantados com as novas terras, os destemidos navegadores descreveram em crônicas ou cartas as coisas que lhes chamavam a atenção... e lançaram a globalização! Nas viagens de volta, carregavam produtos dos lugares encontrados: sementes, mudas de plantas, cujas utilidades alimentícias ou medicinais eram pesquisadas em Portugal.

O trabalho inicial consistia em adaptá-los à natureza europeia ou, então, das Ilhas da Madeira e do Arquipélago de Cabo Verde. Esses territórios ultramarinos viraram laboratórios de experiências botânicas e agrícolas. Se dessem certo, os produtos eram cultivados no país e espalhados internacionalmente, em um troca-troca vetado nos dias de hoje pelos espartilhos da ecologia e ciências que a apoiam.

Não por acaso, os descobrimentos portugueses tiveram enorme impacto nos hábitos alimentares da terra-mãe e de muitos povos. Originaram a cozinha de fusão sobre a qual tanto se fala atualmente - o encontro de culturas do qual surgem novas criações culinárias. Seus navegadores estiveram na África, Ásia e América. Encontraram populações que falavam línguas completamente diferentes, algumas das quais acabaram adotando a portuguesa.

A comida dos povos que assimilaram a língua portuguesa, chamados de lusófonos, foi a escolhida pelo chef Luís Simões, do Hotel Novo Turismo, em Díli, no Timor-Leste, para compor este livro. Recebeu, porém, um toque de criatividade. "Procurei reinterpretar pratos conhecidos de cada país, mas também não resisti ao impulso de imaginar novos sabores, com os ingredientes que suas populações utilizam cotidianamente", explica Simões.

O resultado é este livro, que se intitula adequadamente "Os Sabores da Língua Portuguesa". Representativa e moderna, divide-se em nove capítulos, dedicados ao mesmo número de nações que integram a Comunidade dos Países de Língua Portuguesa (CPLP), uma organização internacional de cooperação e amizade criada em 1996, com sede em Lisboa.

Fazem parte da CPLP Angola, Brasil, Cabo Verde, Guiné-Bissau, Guiné Equatorial, Moçambique, Portugal, São Tomé e Príncipe e o Timor-Leste, no Sudeste Asiático, que se incorporou ao grupo em 2002 após conquistar a independência. Seu primeiro contato com os portugueses, entretanto, é antiquíssimo. Deu-se em 1512, justamente na era dos descobrimentos.

Que ideia feliz teve Simões de oferecer este presente à comunidade lusófona!

J. A. Dias Lopes
Jornalista e escritor gastronômico

Um jovem mestre

Ele já cozinhava aos 6 anos de idade, preparando refeições para os dois irmãos mais novos. Fazia arroz com tomate. Com a mesma idade, matou a primeira galinha, mas, como o animal reagia, pediu ao irmãozinho mais novo, Miguel, de 4 anos, para ficar de pé sobre as asas da ave, imobilizando-a. Luís então sacrificou a ave. Pareceu-me que, para duas crianças daquela idade, a experiência poderia ter sido traumatizante. Nada disso. Luís e o irmãozinho fizeram o que tinham de fazer, muito calmamente, pois era ali em casa que com frequência viam a mãe, dona Paula, preparar as galinhas.

Luís Simões fez a licenciatura em Produção Alimentar em Restauração aos 21 anos e, logo em seguida, o mestrado em Gestão e Direção Hoteleira. Apesar de muito jovem, já viajou bastante pelos países da CPLP (Comunidade dos Países de Língua Portuguesa): Guiné-Bissau, Timor-Leste, São Tomé e Príncipe e Brasil.

Está no Hotel Novo Turismo em Timor-Leste desde 2014, o primeiro investimento inteiramente timorense do empresário Jorge Serrano. O Novo Turismo é uma verdadeira escola. Nas minhas primeiras visitas ao hotel, não fiquei muito impressionado com a qualidade da comida apresentada. Para quem, como eu, já saboreou algumas centenas de pastéis de Belém e pastéis de nata em muitos cafés de Lisboa, foi uma decepção total. Entretanto, alguns meses depois a minha impressão mudou, e muito. Os pastéis de nata já não devem mais nada aos melhores pastéis servidos nos bons cafés de Lisboa e aproximam-se bastante dos pastéis de Belém. Eu logo imaginei que era o Luís Simões quem estava melhorando a cozinha, ao ganhar experiência. Afinal, todo o menu, incluindo os pastéis de nata, é confeccionado pelo *staff* timorense, cuidadosa e pacientemente treinado pelo Luís Simões.

Navegar sobre os mares, difundir culturas e sabores foi algo que sempre esteve presente no espírito lusitano. Esse espírito impulsionou a reinvenção de receitas culinárias tradicionais de países distantes e de culturas diferentes, reunidas em afinada assimilação e traduzidas em arte pelas mãos do chef Luís Simões.

A arte culinária tem muito da história de acontecimentos e celebrações, e as transformações no paladar e nos menus acompanham as mudanças históricas. Esta obra reúne receitas em imagens, sabores e aromas numa leitura sinestésica, que se funde na busca do prazer e da alegria no compartilhamento da degustação.

Este livro faz-nos lembrar o banquete retratado no conto *A Festa de Babette* (1958), da dinamarquesa Isak Dinesen, e o verso do poema de Ricardo Reis, que diz que "cada dia sem gozo não foi teu", sobre o prazer e a tentação diária de saborear a boa culinária.

A pluralidade de receitas, aromas, temperos e sabores que esta obra oferece-nos afirma o ideal de praticar a culinária como domínio na aspiração à inovação de se relacionar com mundos novos e, como toda a arte que se preze, salientar a heterogeneidade inspirada na transformação do comum e banal.

Luís capta, das tradições culinárias de cada povo, algo que faz parte da essência de cada um e filia, numa vasta memória, uma geração que navegou entre a tradição e a invenção. Nessa carreira ascendente, a fala do poeta Marco del Rey faz-se pertinente quando diz: "assim estão ligados ontem e hoje em minha produção".

Os Sabores da Língua Portuguesa sintoniza a interculturalidade na viabilização do meio e rompe fronteiras na compilação de sabores entre culturas distintas. Tantas riquezas fazem deste livro uma terra apropriada para o crescimento de novas sementes, aqui importadas e plantadas. Poderão olhar e ser olhadas aqui e acolá, dentro de nosso hemisfério e ao longe de nosso continente. E, assim como em Marcel Proust, a famosa madeleine será capaz de devorar um caudal de lembranças.

Dr. José Ramos-Horta
Presidente do Timor-Leste de 2007 a 2012 e
laureado com o Prêmio Nobel da Paz em 1996

Um patrimônio gastronômico voltado para o futuro

Muito tem-se falado e escrito sobre o conceito de cozinha de fusão, ou cozinha fusion, esquecendo-se, na maioria dos casos, dos fatos históricos e da evolução da humanidade para chegarmos até ela. Mas, afinal, o que é cozinha de fusão? Podemos dizer que é um conjunto de receitas resultantes do encontro de diferentes culturas de vários povos, em que a convivência mútua originou novos pratos, nos quais misturam-se técnicas culinárias e/ou novos produtos, criando fórmulas verdadeiramente exaltantes, e que ganharam perenidade. Ora, essa questão da manutenção de um hábito alimentar por meio de uma receita nova, ou inovadora, vem contrastar com a euforia atual de fazer-se continuadas experimentações de cozinha de fusão, mas que não se instalam como hábitos continuados e não influenciam em nada o caráter diferenciador da perspectiva alimentar de uma região.

Cozinha de fusão parece ter sempre existido, desde os primeiros encontros entre povos de diferentes regiões. Depois, quando havia imposição ou domínio de território, os símbolos da força dominadora influenciavam a situação social, mesmo na alimentação. Quer dizer que a força ou a vontade do povo dominador tentava estabelecer as suas tradições, mesmo inconscientemente, por conta de determinados hábitos, entre os quais a alimentação. Esse fenômeno, pouco estudado até meados do século XX, veio à luz por meio de antropólogos e sociólogos que se dedicaram à história do cotidiano. Inicialmente, estudavam a alimentação documentada. As crônicas reais e as descrições históricas tiveram um papel predominante, até que a História passou a preocupar-se também com o comportamento das grandes massas. Com a democratização da cultura, esse comportamento passou a ser mais relevante. No território continental português, é natural encontramos hábitos alimentares que são fruto das nações ou forças que o ocuparam durante séculos. É fácil ainda hoje reconhecer algumas influências dos romanos e dos árabes. Essas influências nunca foram completamente estudadas; primeiro, porque a alimentação é um ato natural e obrigatório e, segundo, por fazer parte dos hábitos cotidianos que não mereciam lugar na História.

A partir do século XV, na sequência do Tratado de Tordesilhas (1494), Portugal e Espanha avançam em grandes descobertas, dividindo o mundo em duas partes e instalando algumas tradições culinárias nos territórios aonde chegavam. Adaptaram principalmente suas receitas conhecidas, introduzindo produtos locais e criando novos pratos com soluções exaltantes. Algumas dessas receitas permaneceram, pela força da identidade portuguesa, e sua origem foi esquecida. Como exemplo podemos citar a canja, originária da Índia e depois espalhada por outros territórios de administração portuguesa, que hoje apresenta variantes em cada país onde foi assimilada, sendo a mais diferente delas a do Brasil. Mas é também no Brasil que encontramos uma diferença alimentar, oriunda da África, como resultado da grande migração de povos africanos.

Não vou neste texto identificar as marcas visíveis dessa aproximação cultural pela culinária em territórios de língua portuguesa. Apetece-me, no entanto, mostrar exemplos de países nos quais não se fala o português, como a Tailândia, onde em mesas ricas ou em festividades especiais são servidos os tradicionais "fios de ovos portugueses", ou nas Ilhas Canárias, onde encontra-se o "bolo do caco", ou ainda no Japão, com os lusitanos "tempura" e "pão de ló castella". Até mesmo a designação de muitos produtos alimentares na Indonésia é feita em língua portuguesa, e o "agrião" é conhecido na China como "hortaliça de Portugal".

O valioso trabalho a que se dedicou Luís Simões merece ser apoiado. E vai mais longe quando nos apresenta quatro receitas para cada país de língua portuguesa, acrescentando-lhes um toque de modernidade. Essa questão é sempre causa de muita apreensão, pois é certo que a cozinha, ou a alimentação, é uma atividade dinâmica e em processo constante de evolução. O problema é quando introduzem-se elementos que criam rupturas com a receita original. E aqui volta a questão da cozinha de fusão. São importantes as experimentações acidentais? Ou continua a ser importante o conhecimento das receitas novas que se instalam como hábito alimentar?

Voltemos a esta obra. Luís Simões tem uma carreira em ascensão, é trabalhador, determinado e estudioso até chegar à compreensão desejada dos fatos. Esta obra poderá ser o início de outras que naturalmente já deveriam ter surgido. A língua, que é o elo mais importante entre as nações, deveria aproximar e tornar mais bem conhecidas as diversas culinárias e, a partir daí, as suas histórias, seguramente cheias de "estórias" que todos nós tanto gostamos de conhecer.

Virgílio Nogueiro Gomes
Gastrônomo

Uma reflexão sobre a CPLP

A presente obra do jovem Luís Simões em torno da gastronomia dos Estados-membros da Comunidade dos Países de Língua Portuguesa (CPLP) é muito oportuna e útil. O chef dá-nos a oportunidade de aprender sobre pratos reconhecidos, inovando na sua elaboração e apresentação.

Este livro traz-nos antigos conhecimentos culinários, tornados modernos e integrados à gastronomia contemporânea. Trata-se de um documento cultural, ao qual não poderia deixar de associar-me, aceitando o convite do talentoso chef para redigir uma introdução sobre a história e a evolução da CPLP.

Pouco mais de vinte anos percorridos desde a fundação da CPLP, em 1996, a dinâmica é visivelmente crescente, e o espaço da Comunidade ganha cada vez mais adesões. A realidade de um sonho acalentado por muitas personalidades e pelos povos dos países de língua portuguesa, espalhados por quatro continentes, está mais perto de ser concretizada – não obstante a necessária aposta no futuro reforço institucional da organização.

O empenho do embaixador José Aparecido de Oliveira, ainda nos anos 1980, marcou de forma indelével o surgimento da instituição CPLP. Recordemo-nos de que, em 1989, José Aparecido visitou os países de língua portuguesa, convocando-os para uma reunião de alto nível. Em 1º de novembro, em São Luís do Maranhão, na primeira reunião de cúpula dos sete, foi acordada a criação do Instituto Internacional da Língua Portuguesa.

O projeto de Comunidade teve, assim, de amadurecer ainda alguns anos. Com a queda do Muro de Berlim, surgiu um mundo multipolar que foi expondo diferenças ideológicas e políticas, exigindo paz e desenvolvimento, abrindo-se então a via para outro tipo de cooperação – a integração regional e sub-regional, baseada na comum aspiração ao bem-estar, ao progresso e ao respeito pelos direitos humanos. As mudanças no contexto internacional e as evoluções internas de cada país foram determinantes para a fundação da CPLP, em 1996.

Hoje, a CPLP é mais do que um prédio onde funciona o seu secretariado executivo. Pretende ser uma Comunidade, um espaço onde os cidadãos dos nove Estados-membros reconheçam-se e possam descobrir e construir blocos de identidade, cooperação e desenvolvimento. É o espaço da língua portuguesa, da adoção de práticas e valores comuns. É um ambiente geográfico e cultural que permite, sem estranhamentos, aos talentosos juntar mais tijolos nessa construção, criando obras que contemplem um pouco de todos nós – reafirmando a essência da CPLP. Como é o caso deste livro de Luís Simões.

Sei do grande empenho dos meus antecessores, que tentei imprimir igualmente como secretário-executivo. Contudo, as atividades desenvolvidas permitem-nos ambicionar mais. Os nossos cidadãos exigem mais. Os nossos governos podem se beneficiar mais da multilateralidade, da complementaridade e das sinergias.

Uma exigência à CPLP é a adaptação às novas necessidades de crescimento, derivadas de um maior dinamismo da organização nos cenários nacionais e internacionais e das políticas mais robustas dos Estados-membros, os quais estão em diferentes estágios de desenvolvimento diante do apurado em 1996. Por acreditarmos que faz sentido uma nova visão estratégica para o futuro, a CPLP age nessa direção, para potencializar novos espaços de atuação, como a cooperação empresarial e o reforço do potencial econômico dos países lusófonos.

Queremos, também, apostar na mobilização de pessoas, na criação de redes de conhecimento e na formação de recursos humanos qualificados para intervir no crescimento econômico e no desenvolvimento social dos Estados-membros.

A CPLP tem procurado estruturar-se ao longo da sua existência, e agora o desafio é enorme. Refletindo a vontade política dos Estados-membros e as aspirações e expectativas dos seus cidadãos, a organização tem progredido, mas ainda terá de adequar-se mais. Apesar da exiguidade de recursos de que dispõe, a vitalidade da CPLP reflete-se na defesa da democracia e no elevado número de deliberações conjuntas que os Estados-membros têm adotado para harmonizar políticas, ativar procedimentos comuns e cooperar em domínios tão importantes como Justiça, Educação, Ciência e Tecnologia, Forças Armadas, Ambiente e Migrações, Segurança Alimentar, Oceanos e Saúde.

Nestes vinte anos, crescemos ainda institucionalmente com a nomeação de representantes permanentes na Guiné-Bissau, atuando sempre que a situação o exigiu, com a criação de dezenas de grupos da CPLP nas capitais e nas sedes dos organismos internacionais, com a regulamentação da adesão de países não lusófonos e organizações internacionais como observadores associados, das instituições da sociedade civil como observadores consultivos e com a implementação, pelo XII Conselho de Ministros, em novembro de 2007, de uma nova dimensão institucional da organização com a criação da Assembleia Parlamentar.

No campo da realização dos objetivos da CPLP, foram igualmente desenvolvidas ações importantes visando aproximar os países e os seus cidadãos. No espaço da CPLP, é cada vez mais natural a colaboração entre entidades homólogas dos Estados-membros, seja no plano estatal, seja no âmbito da sociedade civil, como demonstra a existência atual de mais de uma centena de redes constituídas. Uma aposta definida na ação coletiva é o fundamento da Comunidade – à qual se unem outros países não lusófonos como observadores associados. Nesse espírito, a CPLP é hoje um ator com influência global.

Para sermos atores globais, a CPLP reitera a aposta na credibilidade. Nesse sentido, nos anos durante os quais fui secretário-executivo da CPLP, foram adotados planos estratégicos nas áreas de Segurança Alimentar e Nutricional, Cultura, Ensino Superior, Ciência e Tecnologia, além da Educação, porque sem a capacitação do ser humano não temos desenvolvimento. Ao nível da conciliação em que somos ouvidos nos grandes palcos internacionais, desempenhamos um papel relevante no apoio à estabilidade na Guiné-Bissau, em conjunto com os Estados-membros. Igualmente, admitimos um nono Estado-membro de pleno direito e mais quatro países não lusófonos como observadores associados.

A Guiné Equatorial foi admitida por unanimidade, após um minucioso processo de adesão iniciado em 2010, lembrando que a obtenção do Estatuto de Observador Consultivo aconteceu em 2006. A língua portuguesa é uma das três línguas oficiais da Guiné Equatorial, além do espanhol e do francês. A efetiva e generalizada utilização da nossa língua comum é um desafio na Guiné Equatorial, tal como ainda o é em alguns dos nossos outros Estados-membros. São processos morosos, porque é necessário tempo de aprendizagem e prática de uso. Nesse aspecto já existe um convênio de cooperação técnica entre a Guiné Equatorial e o Instituto Internacional da Língua Portuguesa para a implementação de um plano de ação na difusão da língua portuguesa no país, até 2020. Nesse processo de adesão e integração, é louvável o empenho da Guiné Equatorial.

Naturalmente, eu não poderia deixar de citar a inauguração da Representação da CPLP em Timor-Leste, país que conta com a requintada cozinha do chef Luís Simões, a qual adquire uma dimensão extracomunitária ao estabelecer-se na Ásia, propiciando assim maior proximidade para que ocorra o desenvolvimento intrarregional de relações culturais e socioeconômicas.

A nossa organização reafirma o lema eleito pelo Timor-Leste, por meio da presidência da nossa Comunidade entre julho de 2014 e julho de 2016: "CPLP e Globalização". Mas, na CPLP, sabemos bem que para sermos atores globais de referência, para fazermos a diferença e sermos úteis aos cidadãos, temos de posicionar-nos localmente, com mais proximidade. Por sermos uma organização sólida e consagrada pelos seus valores e pela sua ação, acredito que os nossos Estados-membros terão um papel internacional de crescente relevância, e a CPLP impulsionará a realização e a forma das suas políticas e ações.

Temos pela frente diversos desafios e oportunidades. Estou confiante de que juntos vamos conseguir alavancar as sinergias e obter competitividade em múltiplos setores, posicionando a CPLP e os seus Estados-membros rumo ao desenvolvimento socioeconômico e ao bem-estar dos seus cidadãos.

Quando falamos de CPLP, falamos dessa capacidade de congregar a gastronomia e a cultura, de articular políticas e cooperar em diversos domínios, respeitando as soberanias e a diversidade. É um espaço que faz sentido, pelo que agradecemos ao Luís Simões por este livro, também ele um contribuinte da Comunidade.

Embaixador Murade Murargy
Secretário-Executivo da CPLP de 2012 a 2016

Angola

Nesta página, Grutas do Nzenzo, Uíge (em cima) e Cascata de Kalandula, Malanje (embaixo).
Na página anterior, ingredientes de Angola: quiabo (à esquerda) e jinguba (à direita).

Localizado em uma área intertropical e subtropical, com temperaturas médias ao redor dos 27 °C, o território angolano é fortemente marcado pelo seu clima, que compreende duas estações: a das chuvas e a da seca, também chamada de "cacimbo".

O clima angolano favorece a existência de uma flora caracteristicamente africana, representada pela floresta do Maiombe, pelas Lundas, pelas Savanas Secas e pelo deserto do Namibe. Nesse contexto paisagístico e ambiental, marcado pela diversidade, encontramos várias espécies animais, como as palancas-negras gigantes, as seixas, as impalas, os crocodilos, os jacarés, as cobras do deserto, os elefantes africanos, os órix e as chitas. A *Welwitschia mirabilis*, planta que se desenvolve no deserto do Namibe e que pode viver mais de cem anos, constitui um dos motivos de grande interesse para visitar-se um país absolutamente deslumbrante.

Angola, considerada um país com enorme potencial e futuro, revela uma riqueza cultural extraordinária, como evidenciam suas línguas, seu artesanato, seu vestuário e seu patrimônio cultural, que a globalização permitiu ao mundo todo conhecer e render-se a ele e aos ritmos quentes da kizomba, do semba, da rebita, do kilapanga e do kuduro. O país conta ainda com um legado gastronômico rico e diversificado, marcado pela influência das cozinhas portuguesa, moçambicana e, atualmente, brasileira.

Quando fala-se da riqueza e da variedade da gastronomia angolana, não se pode deixar de reconhecer e salientar, como verdadeiramente típicos e representativos da cozinha desse país africano, pratos como a muamba de galinha, a quizaca, o tarco, o kissuto rombo, o mufete, o muzongué e o bolo de ananás. Além desses pratos, preparados ao longo de gerações, Angola tem ainda para oferecer uma extensa variedade de frutos, que fazem as delícias de todos os que a visitam e dentre os quais destacam-se a maçã-da-índia, a múcua, o maboque, o loengo, o sape-sape e o mirangolo.

{ entrada }

Sopa Fria Angolana

Para 4 pessoas

100 g de maracujá
250 g de laranja
200 g de manga
Cardamomo* a gosto
Canela a gosto
Pimenta-do-reino a gosto
200 g de queijo fresco
Sal a gosto
Ramo de agrião

Retire a polpa dos maracujás e reserve. Esprema as laranjas, junte a manga ao suco de laranja e triture. Adicione o cardamomo, a canela e a pimenta-do-reino moídos. Leve ao fogo e, quando levantar fervura, retire e deixe esfriar. Corte o queijo fresco em rodelas e tempere com sal e pimenta-do-reino.

Sugestão de apresentação: disponha as rodelas do queijo em um prato fundo, intercalando-as com polpa de maracujá. Despeje a calda de laranja, manga e especiarias ao redor. Coloque em cima de cada rodela de queijo um gomo de maracujá e um ramo de agrião.

Peixe-Espada Empanado em Coco com Funge de Milho e Molho de Açafrão

Para 4 pessoas

1 peixe-espada de aproximadamente 600 g
Sal a gosto
Pimenta-do-reino a gosto
50 g de farinha de trigo
2 ovos batidos
100 g de coco seco ralado
200 ml de azeite
3,5 litros de água
400 g de farinha de milho
200 g de espinafre
100 ml de creme de leite
Açafrão a gosto
1 ramo de salsa
Espigas de milho baby salteadas (ou em conserva)
Brotos de amaranto

Limpe o peixe, retire os filés e tempere-os com sal e pimenta-do-reino. Em seguida passe-os pela farinha de trigo, pelos ovos batidos e pelo coco ralado. Aqueça uma frigideira com azeite e frite os filés de peixe. Coloque, em uma panela, água, sal e a farinha de milho e leve ao fogo. Ferva por cerca de 40 minutos, até cozinhar a farinha, mexendo sempre. Transfira para uma assadeira e leve ao forno até dourar. Corte esse funge* em pedaços triangulares e reserve. Leve uma frigideira ao fogo com um fio de azeite, adicione o espinafre e refogue até murchar e ficar num tom de verde mais escuro. Tempere com sal e pimenta-do-reino moída. Reserve. Coloque o creme de leite, o açafrão e a salsa picada em uma panela e leve ao fogo até ferver. Espere esfriar e tempere com sal.

Sugestão de apresentação: disponha uma camada da mistura de espinafre ao longo de um prato retangular. Coloque o filé de peixe empanado no centro, sobre o espinafre, e, ao lado, pedaços de funge. Guarneça com uma espiga de milho baby e brotos de amaranto. Com as costas de uma colher, desenhe na diagonal, com o molho do açafrão, duas lágrimas alongadas.

Muamba de Galinha com Kizaca

Para 4 pessoas

600 g de peito de galinha
Sal a gosto
1 limão
200 ml de azeite de dendê*
4 dentes de alho
1 cebola
300 g de tomate
1 jindungo*
300 g de quiabo
200 g de kizaca* (no Brasil, essa folha é conhecida por maniva e só pode ser comprada de fornecedores confiáveis. Se não achá-la, substitua por folhas de mostarda)
8 cenouras baby
Brotos de beterraba

Corte o peito em cubos e tempere com sal e o suco do limão. Em uma panela, faça um refogado com 150 ml de azeite de dendê, dois dentes de alho picados e metade da cebola picada. Adicione 200 g de tomate cortado em cubos, o jindungo picado e o peito de galinha. Quando a galinha estiver quase cozida, adicione o quiabo cortado em rodelas. Macere a kizaca e leve ao fogo em uma panela com um pouco de água até cozinhar. Escorra e refogue com dois dentes de alho picados, a outra metade da cebola e 30 ml do azeite de dendê. Deixe apurar. Em uma frigideira, salteie o restante dos tomates e as cenouras em azeite de dendê e tempere com sal. Reserve.

Sugestão de apresentação: disponha em um prato uma camada da kizaca formando um círculo e espalhe um pouco no meio. Coloque no centro a muamba (refogado de galinha com quiabo, tomate e jindugo) e decore com quiabos, tomates e cenouras salteados, jindungos em rodelas e brotos de beterraba.

{ sobremesa }

Mousse de Banana com Crocante de Jinguba

Para 4 pessoas

3 bananas
1 limão
50 ml de água
250 g de açúcar
3 ovos
100 g de jinguba*
10 g de manteiga
Cunquate*
Brotos de manjericão

Descasque as bananas, corte-as em rodelas e coloque-as em uma vasilha com o suco do limão. Coloque, em uma panela, a água, adicione 150 g de açúcar e leve ao fogo até formar uma calda em ponto de fio franco. Junte as bananas e cozinhe até amolecerem. Separe as gemas das claras. Junte as gemas à banana cozida e passe pela peneira. Coloque em uma panela e leve ao fogo baixo até engrossar. Bata as claras em neve e adicione à banana engrossada. Para o crocante, coloque em uma panela o jinguba picado e 100 g de açúcar e leve ao fogo para caramelizar. Logo que o açúcar estiver todo derretido, adicione a manteiga. Retire do fogo e coloque em uma superfície fria, de preferência uma pedra. Estenda a massa com a ajuda de um rolo e, quando esfriar, triture o crocante.

Sugestão de apresentação: faça um montinho redondo com o crocante no centro de um prato, deixando um buraco no meio, que deve ser preenchido com a mousse de banana. Decore com cunquate em rodelas e brotos de manjericão.

Brasil

Nesta página, surfistas na Praia de Ipanema, Rio de Janeiro (em cima) e indígenas da Amazônia e do Mato Grosso (embaixo).
Na página anterior, ingredientes do Brasil: farinha de mandioca (à esquerda) e limão (à direita).

De acordo com o relato de Pero Vaz de Caminha, corria o ano de 1500 quando Pedro Álvares Cabral "achou" as terras de Vera Cruz, primeiro nome atribuído pelos portugueses ao território brasileiro. Independente de Portugal desde 1822, o Brasil tornou-se o maior país da América do Sul, contando com uma população marcada pela multiplicidade de etnias, pessoas oriundas de diversos países que aqui miscigenaram-se, evidenciando um rico e singular perfil cultural.

Pela dimensão territorial e multicultural que possui, o Brasil é, acima de tudo, um país de contrastes, contrapondo grandes metrópoles, como São Paulo e Rio de Janeiro, a paisagens naturais verdadeiramente idílicas. O país, que em 2022 completará dois séculos de soberania, é globalmente conhecido pela extensa costa litorânea, que contempla algumas das praias mais deslumbrantes e paradisíacas do mundo, às quais se junta uma enorme variedade de praias de água doce. Nessas praias é possível contemplar e ficar fascinado com as maravilhas da natureza e praticar um infindável número de esportes náuticos. Nos centros urbanos, pode-se apreciar um valioso patrimônio arquitetônico, com estilos que vão do colonial ao contemporâneo, testemunho dos vários povos e influências que moldaram a identidade do Brasil. É nesse país de dimensões continentais que se pode conhecer locais turísticos de reputação internacional, como as Cataratas do Iguaçu (Foz do Iguaçu, Paraná), o Cristo Redentor (Rio de Janeiro), o bairro do Pelourinho (Salvador, Bahia) e o Mercado Ver-o-Peso (Belém, Pará).

Devido à sua extensão, o país possui uma grande variedade de climas e microclimas que propiciam o crescimento de flora diversificada, com paisagens inigualáveis, como as da Floresta Amazônica, da Mata Atlântica, dos Pampas, do Cerrado e do Sertão. Essa variedade ajuda na preservação de uma infinidade de espécies de peixes (como a piranha e o tambaqui), crustáceos (como o guaiamum), répteis (como jacarés e tartarugas), aves (como o jacu, o tucano e a arara-azul) e mamíferos (como a onça-pintada e a paca).

Considerado por muitos o país do carnaval, do samba, da capoeira e da caipirinha, o Brasil tem muito mais para oferecer. No aspecto gastronômico, a cozinha brasileira reflete a diversidade dos povos que formaram o país, além de receber inspiração dos povos indígenas, que já habitavam o território antes da chegada dos europeus e que ainda hoje habitam algumas regiões do país. Entre os europeus destacam-se portugueses, holandeses, italianos e alemães. Também tiveram papel fundamental os africanos, que desembarcaram no país como principal mão de obra no período colonial. Asiáticos, principalmente japoneses, e árabes também trouxeram contribuições importantes. Iguarias como a feijoada, o escondidinho, a moqueca, o acarajé, o pão de queijo, a tapioca, o brigadeiro e a goiabada não podem deixar de ser provadas por aqueles que se propõem a conhecer a cozinha do Brasil.

{ entrada }

Acarajé de Camarão com Salada de Papaia Verde

Para 4 pessoas

10 camarões
400 ml de azeite de dendê*
Sal a gosto
Pimenta-do-reino a gosto
100 ml de cerveja
150 g de feijão-fradinho seco
1/2 cebola
1 papaia verde
1 ramo de coentro
1 pimenta-malagueta
1 limão-galego

Triture o feijão-fradinho e lave em água corrente. Cubra com água e deixe de molho na geladeira até o dia seguinte. ➾ Descasque e limpe os camarões, reservando as cabeças e as cascas. Coloque-os em uma frigideira com uma colher de azeite de dendê. Leve ao fogo, tempere com sal e pimenta-do-reino moída e salteie. Retire os camarões da frigideira, reserve 4 inteiros para guarnecer, pique os demais e reserve. ➾ Na mesma frigideira junte as cabeças e as cascas dos camarões e esmague-as para que liberem seus sucos. Adicione a cerveja, retire do fogo, triture e passe por uma peneira. Volte a mistura para a frigideira e leve ao fogo para engrossar. Reserve. ➾ Mexa bem o feijão que estava de molho para soltar as cascas e descarte-as. Escorra e torne a triturar com a cebola e sal até ficar bem homogêneo. Volte a massa para a tigela e bata bem com uma colher até ficar cremosa. Molde bolinhos ligeiramente achatados e frite no restante do azeite até ficarem dourados e flutuarem. ➾ Descasque e rale a papaia e coloque-a em uma tigela. Adicione o coentro, a pimenta-malagueta picada e o suco e as raspas do limão-galego. Tempere com sal e pimenta-do-reino moída. Reserve. ➾ Recheie os acarajés* com o camarão picado e um pouco do creme de camarão.

Sugestão de apresentação: coloque, no centro do prato, um pouco da salada de papaia e o acarajé por cima. Guarneça com um camarão inteiro salteado e decore com brotos de amaranto.

Pirão de Peixe com Tomate Grelhado

Para 4 pessoas

1 corvina de 600 g
1 limão
Sal a gosto
Pimenta-do-reino a gosto
100 ml de azeite de dendê*
1 dente de alho
1/2 cebola
1 pimentão amarelo pequeno, sem sementes, fatiado pelo comprimento
4 tomates vermelhos cortados ao meio
4 tomates amarelos cortados ao meio
1 pimentão vermelho pequeno, sem sementes, fatiado pelo comprimento
100 ml de água
100 g de farinha de mandioca
1 ramo de coentro
Aspargos salteados
Brotos de amaranto
Brotos de ervilha

Corte a corvina em quatro pedaços e tempere com o suco de limão, sal e pimenta-do-reino. Coloque o azeite de dendê numa frigideira e leve ao fogo, deixando aquecer bem. Frite os pedaços de peixe até dourar, retire-os do fogo e reserve-os. Refogue o alho, a cebola, a metade do pimentão amarelo e a metade dos tomates picados na mesma frigideira. Acrescente a água e deixe levantar fervura. Retire tudo da frigideira e triture. Adicione a farinha de mandioca e leve ao fogo em uma panela para cozinhar. Tempere o pirão* com sal, pimenta-do-reino moída e coentro picado. Tempere os tomates e os pimentões restantes com sal e pimenta-do-reino moída e grelhe-os.

Sugestão de apresentação: disponha o pirão no centro do prato e coloque em cima a posta do peixe. Decore com os tomates e os pimentões grelhados, os aspargos salteados e brotos de ervilha e de amaranto.

{ carne }

Peito de Pato Confitado com Tucupi e Abóbora-Moranga Assada

Para 4 pessoas

200 ml de azeite de dendê*
2 dentes de alho
1 cebola
1 pimenta-malagueta
4 peitos de pato
Sal a gosto
1 tomate
200 ml de tucupi*
600 g de abóbora-moranga*
50 g de ervilha-torta
1 ramo de tomilho
Ramos de coentro

Leve ao fogo baixo uma frigideira com 100 ml de azeite de dendê e acrescente o alho, a cebola e a pimenta-malagueta picados. Tempere o peito de pato com sal e coloque-o na frigideira com a pele voltada para baixo. Frite lentamente. Quando a pele estiver dourada e crocante, vire o peito ao contrário e deixe por mais 2 ou 3 minutos. Retire o peito de pato do fogo e reserve. Retire o excesso de gordura da frigideira. Adicione o tomate picado e o tucupi e engrosse o molho. Tempere com sal e reserve. Corte a abóbora em cubos, triângulos e esferas e coloque em uma assadeira. Tempere com sal e tomilho, adicione o restante do azeite de dendê e leve ao forno para assar. Mergulhe a ervilha-torta em água fervente por 3 a 5 minutos, escorra e tempere com sal.

Sugestão de apresentação: salpique um prato com o molho de tucupi. Corte o peito de pato em fatias finas e disponha-as em leque no prato. Decore com os pedaços de abóbora, as ervilhas-tortas e os ramos de coentros.

{ sobremesa }

Brigadeiro de Caipirinha com Espuma de Limão e Hortelã

Para 4 pessoas

1 lata de leite condensado
30 g de manteiga sem sal
50 ml de cachaça
2 limões-galegos (reservar as raspas)
Coco seco ralado
Óleo vegetal
100 ml de creme de leite fresco
2 folhas de hortelã
Groselhas frescas
Amor-perfeito comestível

Coloque o leite condensado e a manteiga em uma panela e deixe cozinhar até engrossar e atingir o ponto de estrada. Adicione a cachaça e o suco de 1 limão e deixe engrossar novamente. Quando a mistura desgrudar do fundo da panela, retire do fogo, deixe esfriar e reserve. ➻ Misture o coco ralado com as raspas de limão e coloque em um prato. ➻ Unte as mãos com óleo, faça pequenas bolas com a massa e passe pelo coco. Leve os brigadeiros à geladeira. ➻ Misture o creme de leite com as folhas de hortelã picada e o suco do limão restante. Passe por uma peneira, coloque em um sifão e leve à geladeira.

Sugestão de apresentação: faça um círculo de espuma no meio de um prato e disponha os brigadeiros por cima. Decore com groselhas frescas e amor-perfeito comestível.

Cabo Verde

Nesta página, Praia Boa Esperança, Ilha da Boa Vista (em cima) e Vulcão Pico do Fogo, Ilha do Fogo (embaixo).
Na página anterior, ingredientes de Cabo Verde: lagosta (à esquerda) e goiaba (à direita).

O arquipélago de Cabo Verde é composto por dez ilhas e oito ilhotas de origem vulcânica, dentre as quais apenas uma não se encontra habitada e está ainda em seu estado virgem. Cabo Verde é um destino singular, com muito para oferecer a todos os que visitam esse país atlântico e que sejam amantes de praia e de boa comida. Apreciar a variedade dos seus peixes e frutos do mar frescos e mergulhar nas águas cálidas e azuis do Atlântico, cuja temperatura, entre fevereiro e setembro, fica entre 21 °C e 25 °C, são seguramente delícias a que poucos conseguem resistir.

Considerado um país de clima tropical, cuja temperatura média anual não desce abaixo dos 20 °C, o seu território é caracterizado pela diversidade paisagística, em que áreas secas e áridas contrastam com as zonas dominadas pela flora exuberante. Não se pode deixar de fazer referência às fascinantes barreiras de corais e às espécies marinhas características desse habitat.

Cabo Verde possui uma cultura absolutamente singular e fortemente marcada pela sua posição geográfica, no coração do Atlântico. O país é o berço de Cesária Évora (1941-2011), diva da morna, gênero musical que na sua voz tornou conhecidas a sonoridade e as muitas dimensões da cultura crioula, que tem como característica a "morabeza": expressão cabo-verdiana que significa afabilidade, amabilidade e hospitalidade.

Cabo Verde é detentor de um patrimônio arquitetônico rico e bem conservado, que é testemunha da presença e da interação entre portugueses e africanos ao longo de séculos nesse território. A Cidade Velha, localizada próxima à capital do país (Praia), foi a primeira cidade construída pelos europeus ao sul do Saara e é um dos melhores exemplos desse convívio.

Além do patrimônio natural e do legado arquitetônico, Cabo Verde tem ainda a oferecer uma cozinha rica, diversa e muito saborosa, fortemente marcada pela abundância de peixes e de frutos do mar, mas também por frutos endógenos, como a azedinha, o zimbrão (zimbro) e a tambarina (tamarindo). Entre os seus pratos mais típicos, destacam-se a cachupa e a djagacida, feitos à base de milho e feijão. Eles podem ser acompanhados por vinhos locais, como o Manecon, produzido nas encostas do vulcão da Ilha do Fogo. O Manecon tem sabor menos intenso e forte do que outra bebida local, o Grogue, aguardente feita de cana-de-açúcar fermentada.

{ entrada }

Salada de Lagosta e Goiaba

Para 4 pessoas

2 caudas de lagosta
200 g de goiaba branca
50 ml de licor de goiaba (se não encontrar, substitua por licor de cassis)
50 g de coco fresco ralado
200 g de iogurte natural
1 ramo de salsa
1 pimenta-malagueta
1 limão
Sal a gosto
50 ml de polpa de tomate
Coentro a gosto
Brotos de ervilha
Amor-perfeito comestível

Corte a cauda das lagostas ao meio com cuidado, no sentido longitudinal, retire a carne de dentro delas e corte em pedaços. Reserve algumas fatias da carne para guarnecer e as carapaças. ꩜ Descasque a goiaba e corte-a em cubos pequenos. Misture, numa travessa, a lagosta, a goiaba, o coco e 150 ml de iogurte. Tempere com salsa e metade de uma pimenta-malagueta picada, o suco de limão e sal. Adicione o licor e misture. ꩜ Recheie as metades das carapaças das caudas da lagosta com a mistura. ꩜ Bata no liquidificador o molho de tomate com o iogurte restante, a outra metade da pimenta-malagueta picada e tempere com sal.

Sugestão de apresentação: faça um risco com o molho do tomate em um lado do prato e deslize uma colher sobre ele, formando uma gota. Coloque sobre o molho meia cauda de lagosta e finalize com fatias da carne da lagosta reservada por cima. Disponha, na borda oposta do prato, os pedaços de goiaba, folhas de coentro, brotos de ervilha, pimenta-malagueta fresca, pétalas de amor-perfeito comestível e gotas do molho.

Bife de Atum de Cebolada com Xerém de Rolon

Para 4 pessoas

600 g de lombo de atum
Sal a gosto
Pimenta-do-reino a gosto
1/2 pimentão vermelho
200 ml de azeite
2 cebolas
2 dentes de alho
2 folhas de louro
200 g de tomate-cereja
100 ml de vinho branco
400 ml de leite de coco
200 g de rolon*
4 espigas de milho baby
Lascas de coco seco

Fatie o lombo de atum em quatro postas e tempere-as com sal e pimenta-do-reino moída. Faça uma massa com o pimentão vermelho, sem sementes, bem batido. Coloque numa frigideira 100 ml de azeite, uma folha de louro, uma cebola cortada em rodelas, um dente de alho fatiado bem fino e refogue. Acrescente 100 g do tomate picado, a massa de pimentão e o vinho branco. Tempere com sal e pimenta-do-reino moída. Coloque o atum e refogue até adquirir uma cor dourada. Coloque um pouco do azeite em outra panela, junte uma folha de louro e refogue a cebola e o alho restantes bem picados. Junte o leite de coco e deixe levantar fervura. Acrescente o rolon peneirado aos poucos, mexendo bem para não formar grumos. Tempere com sal e pimenta-do-reino moída, abaixe o fogo e deixe o xerém apurar. Salteie as espigas de milho e o restante dos tomates-cereja numa frigideira com o restante do azeite e tempere com sal e pimenta-do-reino moída.

Sugestão de apresentação: disponha os tomates salteados no centro do prato e coloque uma posta do atum por cima. Faça uma lágrima com o xerém ao lado da posta e decore com lascas de coco. Corte uma espiga na diagonal e coloque ao lado do peixe.

Lombinho de Cabrito Estufado com Inhame e Marmelo Picante

Para 4 pessoas

600 g de lombo de cabrito (se não encontrar cabrito, substitua por carneiro)
Sal a gosto
Pimenta-do-reino a gosto
100 ml de azeite
1 folha de louro
1 cebola
1 dente de alho
1 tomate
100 ml de vinho tinto
2 marmelos
1 pimenta-malagueta
Canela em pó a gosto
300 g de inhame*
Noz-moscada a gosto
50 g de manteiga
Pimenta-malagueta
Brotos de ervilha
Ramos de tomilho

Divida o lombo de cabrito em quatro pedaços. Coloque o azeite em uma panela, acrescente a folha de louro e refogue a cebola, o alho e o tomate picados, deixando apurar. Adicione o lombo e cozinhe até ganhar cor. Em seguida, junte o vinho tinto e reduza até evaporar o álcool. Fatie o lombo e reserve. Corte o marmelo em gomos. Amasse a pimenta-malagueta em um pouco de azeite e junte a canela e o sal. Regue o marmelo com esse azeite temperado e leve ao forno em uma assadeira por cerca de 10 a 15 minutos, até cozinhar. Cozinhe o inhame em uma panela com pouca água, amasse e reduza até obter a consistência de purê. Tempere com sal, pimenta-do-reino e noz-moscada moídas, adicione a manteiga e misture bem.

Sugestão de apresentação: disponha o purê de inhame numa travessa e coloque fatias de lombo por cima. Acrescente os gomos de marmelo e faça pequenos pontos de purê com um saco de confeiteiro. Decore com pimenta-malagueta, brotos de ervilha e ramos de tomilho e regue com o molho da carne.

{ sobremesa }

Pudim de Papaia com Creme de Coco e Limão

Para 4 pessoas

225 g de papaia
75 g de açúcar
1 ovo
5 g de fermento em pó
25 g de maisena
Calda de caramelo a gosto
200 ml de leite
50 g de coco fresco ralado
1 limão-galego
Framboesa a gosto
Pétalas de amor-perfeito comestível

Corte 25 g de papaia em pequenos pedaços, para decorar, e reserve. Amasse o restante. Misture em uma tigela 50 g de açúcar, o ovo, o fermento e 15 g de maisena. Adicione a papaia amassada e misture bem. Despeje a calda de caramelo (açúcar derretido na panela até dourar) em forminhas individuais quadradas, complete com o creme de papaia e leve ao forno em banho-maria, a 170 °C, durante 30 minutos. Desenforme e reserve. Dissolva o restante da maisena em um pouco de leite. Coloque o restante do leite em uma panela, adicione o coco ralado, as raspas do limão e o restante do açúcar e leve ao fogo até ferver. Retire do fogo. Junte o leite com maisena mexendo vigorosamente para incorporar, e leve novamente ao fogo para engrossar. Deixe esfriar, acrescente o suco do limão e bata no liquidificador.

Sugestão de apresentação: coloque no centro de um prato espelhado um quadradinho de pudim, acrescentando em cima pequenos pedaços de papaia, framboesa e uma pétala de amor-perfeito comestível. Decore o prato com o creme de coco, formando pontos de vários tamanhos.

Guiné-Bissau

Nesta página, pôr do sol a caminho de Bissau, Varela (em cima) e desfile cultural, Bissau (embaixo).
Na página anterior, ingredientes de Guiné-Bissau: baguitche (à esquerda) e ostras (à direita).

Situada a meia distância entre o equador e o Trópico de Câncer, a Guiné-Bissau conquistou a sua independência na década de 1970, após uma longa luta de libertação nacional. A palavra Bissau, agregada ao nome Guiné, veio da necessidade de assegurar sua distinção da antiga Guiné Francesa (atual Guiné). Bissau é também o nome da capital do país.

Localizado na África ocidental e compreendendo cerca de oitenta ilhas, o território da Guiné-Bissau tem uma geografia dominada pela planície, cuja elevação não ultrapassa os 300 metros acima do nível do mar, o que evidencia o contraste entre as savanas, no interior, e as zonas pantanosas, no litoral. O clima tropical, quente e úmido, propiciou o desenvolvimento de uma enorme biodiversidade e um grande número de ecossistemas.

Do ponto de vista cultural, a Guiné-Bissau é um país rico e diverso que compreende uma grande pluralidade de etnias: os fulas, os povos de língua mandinga, os balantas, os manjacos e os mestiços. Essa diversidade étnica é responsável pelo desenvolvimento de uma matriz cultural guineense cuja complexidade e beleza manifesta-se em suas danças típicas e composições musicais.

A cozinha guineense, cuja base principal da alimentação é o bianda (denominação atribuída ao arroz depois de cozido), é caracterizada por sabores bastante intensos e apimentados, graças à frequente presença da pimenta-malagueta e do limão na preparação dos pratos. Esses condimentos dão um toque especial à carne, ao peixe, aos moluscos e aos demais frutos do mar. Para acompanhar os pratos geralmente são utilizados baguitche, candja (quiabo) e djagatu.

Entre os pratos mais característicos da gastronomia tradicional da Guiné-Bissau, destacam-se o chabéu de tainha, o caldo de mancarra (amendoim), o thieboudienne, o badadji di siti cu liti, o futi, o brindji e o pitch-patch de ostras.

{ entrada }

Pitch-Patch com Espuma de Coentro

Para 4 pessoas

50 ml de azeite
1 dente de alho
1/2 cebola
2 pimentas-malaguetas
1 tomate
50 g de arroz
1 litro de água
500 g de ostras limpas e com as conchas
Sal a gosto
1 ramo de coentro
1 limão
1 clara de ovo
Brotos de amaranto

Coloque o azeite em uma panela e leve ao fogo. Acrescente o alho, a cebola e 1 pimenta-malagueta picados e refogue. Adicione o tomate picado e em seguida o arroz. Junte a água e cozinhe. Quando o arroz estiver cozido, acrescente as ostras com as conchas e deixe mais alguns minutos no fogo. Assim que as conchas abrirem, retire-as da panela. Reserve quatro ostras com as conchas para a decoração. Retire as conchas das demais e adicione apenas as ostras à sopa, temperando com sal. Amasse o coentro em uma vasilha, acrescente o suco de limão e passe por uma peneira. Junte a clara de ovo e coloque a mistura em um sifão.

Sugestão de apresentação: coloque a sopa em um prato fundo e disponha no centro uma ostra aberta. Adicione um pouco da espuma de coentro em cima da ostra e decore com brotos de amaranto e pimenta-malagueta picada.

Filé de Pargo em Infusão de Baguitche com Manga Verde e Camate Sinho

Para 4 pessoas

10 g de baguitche*
2 pargos pequenos
400 g de manga verde
2 dentes de alho
3 pimentas-malaguetas
100 ml de citi*
1 limão
Sal a gosto
Pimenta-do-reino a gosto
4 camates sinhos*
Brotos de coentro

Coloque uma panela com água no fogo até atingir 100 °C, acrescente o baguitche e deixe em infusão por 15 minutos. Corte o pargo em filés e a manga em cubos. Reserve. Num pilão, esmague o alho e 2 pimentas-malaguetas. Junte um pouco de citi e o suco de limão e tempere com sal e pimenta-do-reino moída. Tempere os filés com um pouco do molho e reserve. Salteie a manga numa frigideira, com o molho restante. Reserve. Em outra frigideira, doure os filés e vá acrescentando a infusão de baguitche. Reserve. Salteie os tomates inteiros com o restante de citi e tempere com sal e pimenta-do-reino moída.

Sugestão de apresentação: coloque o filé de peixe no prato e sobre ele o baguitche e os brotos de ervilha. Disponha a manga e os camates salteados em paralelo ao peixe, decorando com brotos de coentro e pimenta-malagueta fresca. Decore as bordas do prato com a infusão de baguitche reduzida.

{ carne }

Costeleta de Gazela com Candja e Purê de Abóbora

Para 4 pessoas

2 dentes de alho
100 ml de citi*
Pimenta-do-reino a gosto
Sal a gosto
Cominho a gosto
300 g de candja*
600 g de carré (costeletas) de gazela (se não encontrar, substitua por cabrito ou cordeiro)
400 g de abóbora
Noz-moscada a gosto
Brotos de beterraba

Num pilão, esmague um dente de alho, um pouco de citi, pimenta-do-reino, sal e o cominho. ⇢ Unte as costeletas com essa mistura de temperos e deixe marinar. ⇢ Escalde o candja, salteie no citi com um dente de alho picado e tempere com sal e pimenta-do-reino moída. ⇢ Cozinhe a abóbora em uma panela com pouca água, amasse e deixe reduzir a um purê .Tempere com sal, pimenta-do-reino e noz-moscada moídas. ⇢ Grelhe a carne, deixando-a rosada por dentro.

Sugestão de apresentação: faça um risco alongado com o purê de abóbora no centro de um prato e coloque sobre ele as costeletas. Corte o candja de forma irregular e disponha os pedaços sobre o purê. Decore com brotos de beterraba e salpique pimenta-do-reino por cima.

{ sobremesa }

Crocante de Banana com Caju e Sorvete de Tamarindo

Para 4 pessoas

2 bananas
Canela em pó a gosto
2 tamarindos*
50 g de manteiga
100 g de castanhas-de-caju
100 g de açúcar mascavo
25 g de farinha de trigo
25 ml de água
100 ml de leite
2 gemas
1 colher de sopa de mel
50 ml de creme de leite
Físalis*
Brotos de manjericão

Descasque e corte as bananas em rodelas. Polvilhe com canela em pó e reserve. Abra os tamarindos, raspando a polpa. Descarte as cascas e as sementes. Misture numa tigela a manteiga, as castanhas-de-caju picadas, 50 g de açúcar mascavo, a farinha e, por fim, a água. Espalhe essa mistura sobre as rodelas de banana e leve ao forno até ficar dourado. Reserve o crocante. Para o sorvete, leve uma panela ao fogo com o leite, o restante do açúcar, o mel e a polpa de tamarindo. Bata as duas gemas, adicione à panela e leve ao fogo até engrossar. Retire do fogo e deixe amornar em uma tigela. Bata o creme de leite até ficar firme, adicione e leve ao congelador.

Sugestão de apresentação: corte o crocante em triângulos e disponha um no centro de um prato. Faça uma quenelle de sorvete e coloque sobre o crocante. Decore com uma físalis e um broto de manjericão.

Guiné Equatorial

Nesta página, Torre da Liberdade, Bata (em cima) e macaco *Colobus* preto e branco, Monte Alen (embaixo).
Na página anterior, ingredientes da Guiné Equatorial: attieke (à esquerda) e manga (à direita).

Nas viagens de descoberta do caminho marítimo para as Índias, os navegadores portugueses foram os primeiros europeus a avistar a Ilha de Bioko, em 1471, naquele que é hoje o território da Guiné Equatorial.

Com um clima tropical, a Guiné Equatorial conta com estações do ano bastante distintas e com temperaturas anuais que oscilam entre 16 °C e 33 °C. Com um território deslumbrante, que parece esculpido pela natureza, a Guiné Equatorial tem praias de areia negra de origem vulcânica, caldeiras, lagos, vulcões, florestas densas, selva e savanas.

Em face da variedade de ecossistemas que o território e o clima permitiram formar, a Guiné Equatorial é tida como um dos países africanos com maior biodiversidade, já que é o habitat de diversos primatas, elefantes, hipopótamos, potamóqueros, peixes-bois, felinos, antílopes, pangolins, insetos, peixes e aves, que podem ser vistos no Parque Nacional de Monte Alen.

Além do patrimônio ambiental e paisagístico, dos quais a ponte Cope e o pico Basilé são bons exemplos, também o patrimônio arquitetônico merece referência, especialmente os detalhes do revivalismo gótico da Catedral de Malabo.

A cultura gastronômica da Guiné Equatorial é marcada pela riqueza e pela diversidade da sua natureza, mas também pela convivência histórica entre europeus e africanos. Assim, graças à presença espanhola no território da Guiné Equatorial, não é de surpreender encontrarmos a paella e a tortilha de batata na cozinha desse país. Porém, a influência ibérica não apagou o conhecimento dos condimentos e as iguarias africanas mais tradicionais, como a pepesup e o frango com chocolate, bem como o desenvolvimento de molhos feitos à base de inhame ou amendoim, e de pratos preparados com carne de crocodilo, pangolim, cobra, macaco e antílope. Com a cana-de-açúcar, a criatividade gastronômica desse povo criou a malamba e, com a seiva da palmeira, produziu o vinho de palma.

{ entrada }

Pepesup com Pérola de Arroz e Amendoim

Para 4 pessoas

1 pargo
1 dente de alho
2 pimentas-malaguetas
1 cebola
Sal a gosto
50 g de amendoim
100 g de arroz
Farinha de trigo a gosto
1 ovo
100 ml de óleo de amendoim
Amendoim
Pimenta-malagueta

Retire as vísceras e limpe o pargo. Coloque-o em uma panela e acrescente o alho, as pimentas-malaguetas e a cebola picados. Adiciona sal, água até cobrir e cozinhe em fogo baixo. Coe o caldo, separe a carne do peixe e desfie. Reserve. Em outra panela, cozinhe o arroz substituindo a água pelo caldo de peixe. Tire do fogo e deixe esfriar um pouco. Misture bem o amendoim picado e um pouco de peixe desfiado ao arroz. Faça pequenas bolas com essa massa, passe pela farinha de trigo, em seguida pelo ovo batido e frite no óleo de amendoim.

Sugestão de apresentação: coloque num prato fundo a pérola de arroz (o bolinho frito) e o peixe desfiado restante ao redor e adicione o caldo. Polvilhe com amendoim e decore com rodelas de pimenta-malagueta.

Lomandoha de Lagostim com Refogado de Folhas de Malanga

Para 4 pessoas

600 g de lagostim
50 ml de óleo de amendoim
1 dente de alho
1 tomate
1 pimenta-malagueta
100 g de pimentão vermelho
100 g de modica*
Sal a gosto
Pimenta-do-reino a gosto
200 g de folhas de malanga* (no Brasil, essa folha é conhecida por maniva e só pode ser comprada de fornecedores confiáveis. Se não achá-la, substitua por folhas de mostarda)
25 g de manteiga
25 g de farinha de trigo
100 ml de leite
Noz-moscada a gosto
Brotos de ervilha
Brotos de amaranto

Limpe os lagostins e retire a carne das caudas. Retire as cabeças e reserve quatro. Coloque o restante das cabeças em uma panela e amasse-as ligeiramente. Acrescente água, leve ao fogo e cozinhe. Em seguida passe pela peneira e reserve o caldo. ⇴ Coloque o óleo de amendoim em uma panela e faça um refogado com o alho, o tomate, a pimenta-malagueta e o pimentão picados. Deixe apurar. Acrescente a modica e em seguida a carne das caudas dos lagostins. Cozinhe por uns 4 minutos. Adicione um pouco do caldo e tempere com sal e pimenta-do-reino moída. Reserve. ⇴ Escalde as folhas de malanga e reserve. ⇴ Derreta a manteiga em uma panela, junte a farinha e deixe cozinhar até soltar do fundo. Adicione o leite e parte do caldo frio, aos poucos, até ficar cremoso, mexendo para não formar grumos. Pique as folhas de malanga grosseiramente, incorpore e tempere com sal e noz-moscada e pimenta-do-reino moídas. Triture até obter um purê homogêneo.

Sugestão de apresentação: faça duas circunferências concêntricas e grandes com o refogado de malanga em um prato. Disponha em cima a carne do lagostim e uma cabeça reservada. Decore com brotos de ervilha e de amaranto e pingue no centro das circunferências o caldo reduzido dos lagostins.

Perna de Faisão Confitada em Coco com Attieke de Banana

Para 4 pessoas

1 pimenta-malagueta
Cominho a gosto
Pimenta-do-reino em grão a gosto
Sal a gosto
500 ml de óleo de coco
4 pernas de faisão (use as coxas)
200 g de attieke* (se não encontrar, substitua por cuscuz marroquino)
2 bananas
Brotos de beterraba
Brotos de rabanete

Em uma tigela, amasse a pimenta-malagueta, o cominho e a pimenta-do-reino em grão com sal. Adicione 1 colher (chá) de óleo de coco. Unte as pernas de faisão com essa mistura e deixe marinar por 2 horas. Transfira o faisão para uma travessa refratária e adicione 450 ml do óleo de coco. Leve ao forno a 90 °C até estar assado (cerca de 2 horas). Cozinhe o attieke com água e sal em uma panela. Retire do fogo e, com a ajuda de um garfo, afofe um pouco para que esfrie e fique solto. Coloque o óleo de coco restante numa frigideira e salteie a banana cortada em quadrados. Adicione o attieke, salteie bem e tempere com sal, pimenta-do-reino moída e cominho.

Sugestão de apresentação: coloque uma camada de attieke num prato fundo e a perna de faisão no centro, com a ponta virada para cima. Decore com brotos de beterraba e de rabanetes cortados em rodelas finas.

{ sobremesa }

Afoso Godo Jojondjo com Manga

Para 4 pessoas

200 g de arroz
600 ml de água
Raspas de 1 limão
Sal a gosto
200 ml de leite
200 ml de leite de coco
100 g de coco ralado
100 g de açúcar
50 g de manteiga
200 g de manga fresca
Fitas de coco seco

Coloque em uma panela o arroz com a água, as raspas de limão, sal e leve ao fogo. Quando o arroz estiver cozido, adicione o leite, o leite de coco e o coco ralado. Assim que ferver acrescente o açúcar, a manteiga e 150 g de manga picada.

Sugestão de apresentação: coloque o arroz doce em um prato e decore com as fitas de coco e o restante da manga.

Moçambique

Nesta página, mergulho na Praia de Bazaruto, Bazaruto (em cima) e gazelas-de-thomson, Cabo Delgado (embaixo).
Na página anterior, ingredientes de Moçambique: caril (à esquerda) e óleo de palma (à direita).

Moçambique localiza-se na costa oriental da África austral, que é banhada pelo Oceano Índico. Com um povo afável e hospitaleiro, conta-se que Moçambique deve o seu nome a um xeque, Musa al Bik, que teria habitado o norte do país no século XVI.

De clima tropical úmido na zona dos planaltos, na região norte, e de clima tropical seco na zona das planícies, na região sul, Moçambique tem uma fauna e uma flora ricas e diversificadas, que podem ser observadas no Parque Nacional da Gorongosa e de Bazaruto, assim como ao longo das praias paradisíacas do país, das quais Quirimbas, Tofo, Vilanculos e a Ilha de Benguerra são bons exemplos.

Com uma cultura profundamente influenciada pela interação das populações africanas com os navegadores árabes, indianos e portugueses, Moçambique tem nos sons, nos ritmos e nos passos da marrabenta uma das suas mais importantes expressões culturais, mas não a única, já que esse país viu nascer alguns dos mais influentes escritores lusófonos contemporâneos, como Mia Couto, José Craveirinha e Paulina Chiziane.

A identidade cultural moçambicana está também expressa no seu patrimônio arquitetônico, do qual se destacam a Fortaleza de São Sebastião, o Forte de São Lourenço, o Convento de São Domingos, a Igreja de Nossa Senhora da Saúde e a barragem de Cahora Bassa.

No plano gastronômico, Moçambique aproveita de forma majestosa os seus recursos marinhos na preparação de pratos, como as amêijoas com leite de coco. Além dos pratos com frutos do mar, outras iguarias são o caril de amendoim, a chiguinha, o pato com bambu, a mucapata e o mbambane.

{ entrada }

Caranguejo Gratinado com Coco

Para 4 pessoas

4 caranguejos médios
2 pimentas-malaguetas
Sal a gosto
1/2 cebola
100 ml de azeite
1 folha de louro
2 ml de uísque
100 g de miolo de pão seco
100 ml de leite
1 ovo
50 g de coco seco ralado
Brotos de aipo

Coloque os caranguejos e uma pimenta-malagueta em uma panela com água e sal e leve ao fogo. Quando os caranguejos estiverem cozidos, abra-os, retire a carne das carapaças, reserve-as e desfie a carne. Pique a cebola e refogue em uma panela com 50 ml de azeite e o louro. Adicione a carne de caranguejo desfiada, a outra pimenta-malagueta picada e o uísque. Acrescente o miolo de pão embebido no leite e o ovo batido, tempere com sal e deixe engrossar, mexendo de vez em quando. Retire do fogo, recheie as carapaças reservadas, polvilhe-as com o coco ralado e leve-as ao forno para gratinar.

Sugestão de apresentação: coloque a carapaça recheada num coral, utilize as patas dianteiras para dar forma e decore com brotos de aipo.

Caril da Zambézia com Mucapata de Banana e Canela

Para 4 pessoas

400 g de camarão
1 limão
1 dente de alho
1 cebola
100 ml de azeite
Caril* em pó a gosto
Açafrão a gosto
1 tomate maduro, sem pele e sem sementes
300 ml de leite de coco
1 pimenta-malagueta
Sal a gosto

50 g de feijão sorroco* demolhado (se não encontrar, substitua por feijão-fradinho)
200 g de arroz
650 ml de água
1 banana
Canela em pó a gosto
Pimenta-malagueta
Salsa a gosto
Canela em pau

Descasque e limpe os camarões e tempere-os com o suco do limão e o alho picado. Reserve. Coloque o azeite em uma panela e refogue a cebola picada, o caril e o açafrão. Junte o tomate picado e cozinhe até desmanchar. Adicione o camarão, 200 ml de leite de coco e a pimenta-malagueta picada. Tempere com sal e apure por 2 minutos. Reserve. Para fazer a mucapata*, em outra panela, junte o feijão demolhado e o arroz e cozinhe na água. Acrescente a banana descascada e cortada em cubinhos e o restante do leite de coco, tempere com sal e canela em pó.

Sugestão de apresentação: faça duas quenelles com a mucapata e disponha-as, em diagonal, no centro de um prato. Acrescente o caril de camarões e decore com pimenta-malagueta, salsinha e canela em pau.

Observação: Zambézia é uma província situada na região central de Moçambique.

Chacuti de Galinha com Farofa de Amendoim e Purê de Batata-Doce

Para 4 pessoas

100 g de coco fresco ralado
Cardamomo* em pó a gosto
Cominho em pó a gosto
Açafrão a gosto
Canela em pó a gosto
2 cravos-da-índia
1 pimenta-malagueta
1 cebola
200 ml de azeite
2 dentes de alho
4 pernas de frango (use as coxas)
200 ml de leite de coco
2 tamarindos*
100 g amendoim
100 g de farinha de mandioca
200 g de batata-doce
Sal a gosto
Noz-moscada a gosto
Broto de cebolinha
Broto de amaranto
Broto de coentro

Coloque numa assadeira o coco ralado com as especiarias e leve ao forno para tostar. Reserve. Abra os tamarindos, descarte as cascas e as sementes e reserve. Refogue meia cebola e um dente de alho picados em uma panela com 100 ml do azeite. Adicione os tamarindos e o frango e refogue-o até ficar bem dourado. Acrescente o leite de coco e o coco com especiarias e deixe cozinhar. Reserve. Para a farofa*, coloque o restante do azeite e da cebola e do alho picados e refogue numa frigideira. Junte o amendoim picado e deixe apurar. Acrescente a farinha de mandioca e torre em fogo baixo. Reserve Cozinhe a batata-doce numa panela com água, escorra e amasse até obter um purê. Tempere com sal e noz-moscada moída.

Sugestão de apresentação: faça um retângulo com a farofa ao longo de um prato e coloque a perna de frango no centro. Com um saco de confeiteiro, faça pontos de purê de batata-doce ao longo do retângulo. Decore com brotos de cebolinha, de amaranto e de coentro.

{ sobremesa }

Sopa de Ananás de Muxungue com Sorvete de Coco

Para 4 pessoas

1 ananás de Muxungue (se não encontrar, use outro abacaxi)
4 folhas de hortelã
100 g de coco fresco ralado
10 g de mel
50 ml de leite
50 g de açúcar
Sal a gosto
2 gemas de ovo
100 ml de creme de leite fresco
Ananás desidratado
Amor-perfeito comestível

Descasque o ananás, corte-o em pedaços e coloque-os em uma tigela. Adicione a hortelã, triture e leve à geladeira. Em uma panela coloque o coco ralado, o mel, o leite, o leite de coco, o açúcar, o sal e as duas gemas batidas. Leve ao fogo até engrossar. Retire do fogo e deixe amornar. Bata o creme de leite até ficar firme, adicione à mistura e leve ao congelador.

Sugestão de apresentação: coloque a sopa de ananás com hortelã num prato fundo. Faça uma quenelle de sorvete de coco e disponha na sopa. Decore com ananás desidratado e uma flor de amor-perfeito comestível.

Observação: Muxungue é o posto administrativo do distrito de Chibabava, na província de Sofala, e serve de passagem para o sul de Moçambique.

Portugal

Nesta página, Praia de São Pedro de Moel, Marinha Grande (em cima) e homens na Taberna Alentejana, Évora (embaixo).
Na página anterior, ingredientes de Portugal: azeite (à esquerda) e presunto (à direita).

Portugal é uma verdadeira caixa de surpresas para quem pretende vivenciar experiências únicas e diversificadas. Repleto de paisagens naturais, é capaz de fazer qualquer visitante apaixonar-se, desde aqueles que procuram um lugar para relaxar até os que buscam um lugar para conhecer, explorar e experimentar.

De norte a sul do país, o viajante que pretender voltar no tempo e ter a sensação de viver na época de reis e rainhas poderá fazê-lo, bastando para isso visitar alguns dos monumentos de caráter histórico e religioso. Dada sua imponência e beleza, esses monumentos saltam aos olhos de qualquer um, como o Palácio da Pena (Sintra), a Torre de Belém (Lisboa), o Mosteiro da Batalha, o Castelo de Guimarães e a Universidade de Coimbra – onde estudaram algumas das figuras mais emblemáticas de Portugal.

Aqueles que querem entrar em contato com a natureza e deslumbrar-se com paisagens emocionantes poderão encontrar, tanto em Portugal continental quanto nos arquipélagos dos Açores e da Madeira, locais lindíssimos com uma fauna e uma flora incríveis e com cursos de água doce que conferem à paisagem um aspecto singular. As vinhas que se encontram nos socalcos do Douro ficam gravadas na memória dos visitantes como imagens e sensações inesquecíveis e poderão ser mais bem apreciadas numa viagem de barco rabelo, enquanto se degusta um cálice de vinho do Porto. As praias de água límpida, como as da Lagoa das Sete Cidades (Ilha de São Miguel, Açores), a neve do inverno na Serra da Estrela, o Parque Nacional da Peneda-Gerês, com as suas maravilhosas cascatas de água doce, entre outros locais de encanto e emoção, contribuem para deixar, em todos os que visitam o país berço da lusofonia, uma lembrança cheia de emoções.

Fruto do fascínio da descoberta e da interação dos portugueses com povos de todo o mundo, a cultura gastronômica lusa delicia a maioria dos apreciadores de boa comida, uma vez que é repleta de aromas, cores e sabores, apreendidos e construídos ao longo de séculos, nas viagens marítimas realizadas por esse povo. Representativos do caráter universal da gastronomia portuguesa são os pratos típicos – como o arroz de sarrabulho, o bacalhau à Brás, o polvo à lagareiro, as alheiras de Mirandela, a chanfana de cabrito, a francesinha e as amêijoas à Bulhão Pato –, que, assim como a doçaria conventual, são condimentados com uma enorme variedade de especiarias, oriundas das diversas latitudes do nosso planeta e que lhes conferem um sabor único, com um toque global.

{ entrada }

Salada de Polvo com Maçã Verde

Para 4 pessoas

300 g de polvo cozido
1 maçã verde
Vinagre de maçã a gosto
1 pimentão amarelo
1 chalota
2 folhas de hortelã
Azeite a gosto
Sal a gosto
Pimenta-do-reino a gosto
Pimentão
Brotos de cebolinha
Amor-perfeito comestível

Reserve alguns tentáculos para a decoração. Corte o restante do polvo em rodelas. Corte a maçã em cubos e mergulhe-os em água com vinagre. Pique o pimentão amarelo, a chalota e a hortelã. Misture todos os ingredientes em uma vasilha e tempere com azeite, sal, pimenta-do-reino moída e vinagre de maçã.

Sugestão de apresentação: no centro de um prato, coloque a salada e disponha em cima a maçã verde cortada em tiras finas (julienne), um tentáculo do polvo e uma flor de amor-perfeito comestível. Decore o prato com o pimentão em cubos pequenos (brunoise) e brotos de cebolinha.

Bacalhau Assado com Purê de Grão-de-Bico e Coentro

Para 4 pessoas

600 g de bacalhau demolhado
Sal a gosto
Pimenta-do-reino a gosto
1 cebola
1 dente de alho
1 folha de louro
100 ml de azeite
400 g de grão-de-bico
1 ramo de coentro
Noz-moscada a gosto
Brotos de coentro

Tempere o bacalhau com sal e pimenta-do-reino e coloque numa assadeira com a cebola fatiada, o alho e o louro. Regue com o azeite. Cozinhe o grão-de-bico em uma panela com água e sal. Escorra e amasse ou triture, formando um purê. Transfira para uma panela, adicione o molho da assadeira do bacalhau e misture até o purê ficar cremoso. Junte o coentro picado e tempere com sal e pimenta-do-reino e noz-moscada moídos.

Sugestão de apresentação: disponha em um prato o purê em forma circular, coloque o bacalhau no centro e o alho do cozimento do bacalhau esmagado por cima. Decore com brotos de coentro.

Lombinho de Porco com Camarão, Migas de Castanha Portuguesa e Couve Portuguesa

Para 4 pessoas

600 g de lombinho de porco
4 camarões
Sal a gosto
Pimenta-do-reino a gosto
2 dentes de alho
Páprica doce a gosto
100 ml de vinho branco
Orégano a gosto
50 g de banha de porco
(se preferir, substitua por 3 colheres de óleo)
100 g de couve-portuguesa
300 g de castanhas portuguesas
50 ml de azeite
Brotos de amaranto

Corte o lombinho de porco em dois pedaços e descasque e limpe os camarões. Coloque ambos em uma travessa e tempere com sal, pimenta, um dente de alho esmagado, páprica doce, vinho branco e orégano. Deixe marinar por 1 hora. ⇾ Derreta a banha numa frigideira e sele os lombinhos. Adicione a marinada e cozinhe em fogo baixo. Quando estiver quase cozido, adicione os camarões e acerte o tempero. Retire os lombinhos e corte em fatias. ⇾ Para as migas, corte a couve finamente e escalde em água fervente. ⇾ Descasque as castanhas, cozinhe-as em uma panela com água e escorra. Coloque numa frigideira o azeite e um dente de alho picado e salteie as castanhas. Quando estiverem douradas, adicione a couve e tempere com sal, pimenta-do-reino moída e orégano.

Sugestão de apresentação: disponha as migas em formato alongado no centro do prato e coloque as fatias de lombinho e o camarão em cima. Regue com o molho da frigideira e decore com brotos de amaranto.

{ sobremesa }

Pudim Abade de Priscos com Pera Bêbada e Creme de Requeijão e Laranja

Para 4 pessoas

125 g de açúcar
250 ml de água
1 fatia de presunto
Casca de 1 limão
1 pau de canela
3 gemas
200 ml de vinho do Porto
Calda de caramelo a gosto
1 pera
50 g de requeijão
Raspas de 1 laranja
50 ml de creme de leite fresco
Pera desidratada
Amor-perfeito comestível

Coloque numa panela o açúcar, a água, o presunto, a casca do limão e o pau de canela. Leve ao fogo e deixe ferver até formar uma calda em ponto de fio. Coe e deixe amornar. Bata as gemas em uma tigela, adicione 50 ml de vinho do Porto e incorpore à calda. Reserve. ⟴ Pincele fôrmas individuais com a calda de caramelo (açúcar derretido na panela até dourar), preencha com a mistura reservada e leve ao forno, em banho-maria, até ficar firme. ⟴ Corte a pera em gomos, retire o caroço e cozinhe em uma panela no restante do vinho do Porto com um pouco de água. ⟴ Bata o requeijão, adicionando as raspas da laranja e o creme de leite.

Sugestão de apresentação: corte o pudim em formato redondo e coloque a pera em cima. Regue com o creme de requeijão e decore com uma lâmina de pera desidratada e uma flor de amor-perfeito comestível.

Observação: Priscos é uma freguesia de Braga.

São Tomé e Príncipe

Nesta página, Praia Jalé, São Tomé (em cima) e Túnel de Santa Catarina, Santa Catarina (embaixo).
Na página anterior, ingredientes de São Tomé e Príncipe: cacau (à esquerda) e carambola (à direita).

No Golfo da Guiné vamos encontrar o país que viu nascer Almada Negreiros, poeta e escritor português do século XX. Formado por duas ilhas principais e várias ilhotas, o território da República Democrática de São Tomé e Príncipe assemelha-se a um pequeno éden, perdido no Atlântico e encontrado pelos navegadores portugueses em 1470, quando procuravam descobrir o caminho marítimo para as Índias.

Com clima equatorial, quente e úmido, e temperaturas médias anuais entre 22 °C e 30 °C, São Tomé e Príncipe caracteriza-se por paisagens idílicas, formadas por praias virgens, de areia branca e água quente e cristalina, pela viçosa vegetação típica das florestas tropicais e pelas suas encostas sinuosas que fazem apaixonar qualquer amante da natureza. Entre os locais de maior interesse patrimonial e paisagístico estão o Ilhéu das Rolas, o Pico Cão Grande, o Parque Natural Ôbo, a Boca do Inferno, o Forte de São Sebastião, a Lagoa Azul, a Praia das Conchas e a Cascata de São Nicolau.

A gastronomia de São Tomé e Príncipe, à semelhança do que acontece em outros países onde a presença portuguesa perdurou, foi influenciada por ela, mas também pela cultura africana e pelos produtos endógenos da Ilha de São Tomé e da Ilha do Príncipe. Rica em pratos de peixes e frutos do mar, como seria de esperar em qualquer cultura gastronômica insular, a cozinha de São Tomé e Príncipe reinventou a utilização de ingredientes como a banana, produzida em abundância no território, e recorreu ao uso habitual de frutos como o mangostão, a jaca, o cajá-manga e o sape-sape (graviola). São Tomé e Príncipe destaca-se internacionalmente na produção de café e cacau.

{ entrada }

Salada de Búzios do Mar com Cajá-Manga e Carambola

Para 4 pessoas

300 g de búzio* (sugiro usar o saguaritá, búzio comestível encontrado no Brasil)
200 g de cajá-manga*
100 g de carambola
3 folhas de micocó*
1 limão
Azeite a gosto
Sal a gosto
Pimenta-do-reino a gosto
Brotos de amaranto
Brotos de ervilha
1 carambola

Cozinhe os búzios em suas conchas e depois separe as conchas para decoração. Corte os búzios, o cajá-manga e a carambola em cubos e coloque tudo em uma vasilha. Pique finamente as folhas de micocó e adicione à vasilha. Tempere com o suco do limão, azeite, sal e pimenta-do-reino. Corte uma carambola em fatias finas no sentido da largura, para manter o formato de estrela, e coloque numa fôrma redonda, intercalando-as com a salada.

Sugestão de apresentação: coloque a salada no centro do prato e decore o seu redor com brotos de amaranto e de ervilha e pedaços de carambola. Finalize com uma concha de búzio sobre a salada.

{peixe}

Filé de Andala com Ananás Grelhado e Tamarindo

Para 4 pessoas

2 tamarindos*
2 dentes de alho
1 tomate
1 cebola
1 pimenta-malagueta
Óleo de palma a gosto
Pimenta-do-reino a gosto
Sal a gosto
500 g de ananás
600 g de filé de andala*
100 g de agrião
Brotos de amaranto

Abra os tamarindos e descarte as cascas e sementes. Coloque em um recipiente junto com o alho, o tomate, a cebola e a pimenta-malagueta e amasse. Adicione óleo de palma, pimenta-do-reino moída e sal. Corte o ananás em pequenos triângulos e tempere com sal e pimenta. Grelhe o peixe e o ananás em uma frigideira. Salteie o agrião em uma frigideira com óleo de palma e tempere com sal.

Sugestão de apresentação: disponha no centro do prato o agrião e o filé do peixe por cima. Coloque o ananás grelhado ao redor e decore com pingos do molho. Finalize com brotos de amaranto.

Perna de Frango Recheada com Molho de Calulu e Angu de Banana-Pão

Para 4 pessoas

4 pernas de frango (use as coxas)
100 ml de óleo de palma
1 dente de alho
1 tomate
200 g de fruta-pão* (se não encontrar, substitua por cará)
2 folhas mosquito*
1 banana-pão*
Sal a gosto
Pimenta-do-reino a gosto
Brotos de agrião

Desosse as coxas do frango. Para o molho de calulu*, coloque numa frigideira 50 ml de óleo de palma, o alho e o tomate picados, a fruta-pão cortada em cubos, as folhas mosquito, tempere com sal e pimenta-do-reino, adicione um pouco de água e cozinhe. Recheie as coxas com esse molho, coloque numa assadeira e leve ao forno a 175 °C. Lembre-se de reservar parte do molho para a decoração. Para o angu*, cozinhe a banana em uma panela com água. Quando estiver cozida, escorra, retire a casca e amasse a polpa. Tempere com sal e pimenta-do-reino, faça pequenos bolinhos achatados com o restante da massa, leve a uma frigideira com o restante do óleo de palma e frite até dourar.

Sugestão de apresentação: coloque no centro do prato uma rodela de banana frita e uma coxa de frango em cima. Distribua ao redor três porções do angu de banana e, com a ajuda de uma colher, decore o prato com o molho de calulu. Enfeite com brotos de agrião.

{ sobremesa }

Fiote com Chocolate

Para 4 pessoas

2 bananas
1 limão
Sal a gosto
100 g de fubá*
100 g de chocolate 70% de cacau
Óleo vegetal a gosto
2 fatias de ananás
50 g de açúcar
Folha de ananás

Amasse as bananas em uma vasilha e adicione o suco de limão. Tempere com sal e junte aos poucos o fubá. Faça pequenos retângulos e coloque no centro deles pequenas tiras de chocolate. Com as mãos polvilhadas de fubá, enrole os retângulos e molde-os em forma de banana. Frite-os em óleo bem quente. Corte o ananás em triângulos e coloque-os numa frigideira bem quente. Junte o açúcar e mexa até derreter e caramelizar.

Sugestão de apresentação: corte o fiote* ao meio e recheie com o restante do chocolate derretido. Decore com os retângulos de ananás e uma folha da fruta.

Timor-Leste

Nesta página, Praia de Baucau, Baucau (em cima) e tecidos de Tais, Díli (embaixo).
Na página anterior, ingredientes de Timor-Leste: abacate (à esquerda) e budu tasi (à direita).

Lorosa'e significa, em tétum (uma língua de Timor-Leste), "Sol Nascente" e corresponde também a leste no idioma local. O português e o tétum são as línguas oficiais do país. Timor-Leste não é só um dos mais novos países; é também o território mais oriental onde se fala a língua portuguesa. Com pouco mais de 1 milhão de habitantes, esse país, de clima equatorial e com uma geografia bastante montanhosa, é dividido em 12 municípios e uma região administrativa especial, tendo mais de 25 dialetos falados em seu território.

Para quem visita Timor-Leste, é inevitável que leve na memória o seu emocionante pôr do sol. Em um percurso pela ilha, ficarão também marcadas no viajante as fascinantes paisagens naturais nas quais a intervenção humana é quase inexistente, com destaque especial para o Ilhéu de Jaco, no extremo leste do território, onde só se pode chegar em barcos de pescadores. Também destacam-se os mercados tradicionais de frutas e legumes e as *uma lulik* (casas sagradas timorenses). Os *tais* – tecidos feitos artesanalmente em teares de madeira com fios de algodão tingidos – têm padrões e motivos tradicionais característicos de cada uma das unidades territoriais do país, compõem várias peças de vestuário e formam um dos mais importantes símbolos e heranças culturais de Timor-Leste.

Os terrenos férteis e as diferentes condições atmosféricas decorrentes das variações de altitude reunem condições para que quase todo tipo de produto agrícola desenvolva-se no território. O principal produto agrícola é o café, de qualidade e aroma reconhecidos internacionalmente. A população tem o arroz como base da sua alimentação, complementada com vegetais, sendo as proteínas geralmente fornecidas por leguminosas ou pelo peixe frito nas regiões próximas à longa faixa costeira. O picante é sabor obrigatório numa refeição timorense, o que se dá por meio das típicas ai-manas – pastas preparadas com pimentas-malaguetas marinadas em limão. Entre as iguarias apimentadas pelas ai-manas estão o saboko e o tukir.

{ entrada }

Creme de Abacate com Sasate de Frango

Para 4 pessoas

1 abacate
100 ml de leite de coco
100 g de ananás
1 limão
Sal a gosto
200 g de pernas de frango (use sobrecoxa)
3 tamarindos*
1 dente de alho
50 g de cebola
50 ml de óleo vegetal
30 g de forai*
50 ml de molho de soja
30 g de açúcar
10 ml de vinagre
2 pimentas-malaguetas
Brotos de coentro
Brotos de ervilha

Retire a polpa do abacate. Adicione o leite de coco e o ananás. Tempere com suco de limão e sal e triture. Reserve. Para o sasate*, corte a carne do frango em cubos e faça espetinhos com eles. Para o molho, descarte as cascas e sementes do tamarindo, separando a polpa. Reserve. Refogue o alho e a cebola numa frigideira com o óleo. Adicione o forai triturado, a polpa de tamarindo, o molho de soja, o açúcar, o vinagre e uma pimenta-malagueta picada. Tempere com sal e deixe engrossar. Grelhe os espetinhos, pincelando-os sempre com o molho, até dourar.

Sugestão de apresentação: coloque o creme de abacate numa taça de vidro e decore com brotos de coentro e pimenta-malagueta picada. Coloque o sasate e um broto de ervilha na borda superior da taça.

Rolinho de Saboko com Purê de Batata-Doce Roxa e Budu Tasi

Para 4 pessoas

400 g de atum fresco
2 tamarindos*
2 pimentas-malaguetas
2 dentes de alho
1 talo de capim-cidreira
100 ml de óleo de coco
50 g de cebola
2 limões
Sal a gosto
Pimenta-do-reino a gosto
1 folha de bananeira (passada rapidamente em água fervente para amaciar)
2 batatas-doces roxas
Noz-moscada a gosto
100 g de budu tasi* (se não encontrar, substitua por outra alga marinha comestível)
Flores coloridas comestíveis

Corte o atum em filés finos e reserve. Abra os tamarindos, descarte as cascas e as sementes e coloque a polpa numa vasilha. Junte uma pimenta-malagueta, o alho e o capim-cidreira picado e amasse. Adicione 50 ml de óleo de coco, a cebola picada, o suco de um limão, sal e pimenta-do-reino moída. Tempere os filés com essa mistura, coloque-os na folha de bananeira e enrole. Leve ao forno a 170 °C em uma assadeira. Descasque as batatas-doces, coloque-as em uma panela com água, leve ao fogo e cozinhe. Escorra, amasse as batatas, coloque-as em uma vasilha, adicione o restante do óleo de coco e tempere com sal e pimenta-do-reino e noz-moscada moídas. Lave o budu tasi e coloque em uma tigela, adicione a outra pimenta-malagueta picada e o suco do outro limão e tempere com sal e pimenta-do-reino moída.

Sugestão de apresentação: corte o rolo de atum em três fatias e disponha-as, em uma travessa, no sentido diagonal. Faça um risco longo e alguns pingos de diferentes tamanhos com o purê. Coloque o budu tasi ao lado e decore com flores coloridas comestíveis.

{ carne }

Tukir de Cabrito com Katupa, Kinur e Flor de Papaia

Para 4 pessoas

600 g de cabrito (se não encontrar, substitua por carneiro)
50 ml de azeite
2 dentes de alho
1 cebola
2 folhas de limão
1 pimenta-malagueta
100 ml de vinho tinto
Sal a gosto
Pimenta-do-reino a gosto
4 fitas de folha de coqueiro
150 g de arroz
1 kinur*
100 ml de óleo de coco
100 ml de leite de coco
150 g de flor de papaia
1 folha de bananeira

Para o tukir*, corte a carne de cabrito em cubos e refogue em uma panela com 50 ml de azeite, um dente de alho picado e a cebola. Adicione as folhas de limão e a pimenta-malagueta picada, despeje o vinho e tempere com sal e pimenta-do-reino. Acrescente água e cozinhe por cerca de 90 minutos. ⇢ Faça a katupa* com as fitas de folha de coqueiro entrelaçadas e coloque o arroz dentro. ⇢ Amasse o kinur em uma panela, adicione 50 ml de óleo de coco e o leite de coco e tempere com sal. Acrescente água, junte a katupa e cozinhe. ⇢ Escalde a flor de papaia em água fervente e salteie em uma panela com o restante do alho picado e do óleo de coco.

Sugestão de apresentação: disponha alguns cubos de tukir sobre a folha de bananeira. Faça uma camada de flor de papaia, abra a katupa e coloque por cima. Regue a folha de bananeira com o molho do tukir.

{ sobremesa }

Hudi Sona com Sorvete de Ailia e Coco

Para 4 pessoas

2 hudi*
50 g de farinha de trigo
75 g de açúcar
3 ovos
50 ml de leite
Óleo vegetal para fritar
20 g de ailia*
10 g de mel
100 ml de leite de coco
Sal a gosto
100 ml de creme de leite fresco
1/2 coco seco
Flor comestível

Descasque as hudi e corte-as ao meio. ⤚ Bata a farinha de trigo com 25 g do açúcar, um ovo e o leite até obter a consistência de creme; mexa bem para desfazer os grumos. Envolva os pedaços de hudi nessa massa e frite em uma frigideira com óleo vegetal. ⤚ Coloque em uma vasilha o ailia com o mel e amasse bem. Transfira para uma panela e adicione o leite de coco, o açúcar restante e o sal. Bata as duas gemas, junte à panela e leve ao fogo para engrossar. Retire do fogo e deixe esfriar. Bata o creme de leite até ficar firme, junte à mistura e leve ao congelador.

Sugestão de apresentação: disponha uma banana frita (hudi sona) dentro do meio coco seco. Faça uma quenelle de sorvete e coloque por cima. Decore com uma flor comestível.

Glossário

Ingredientes

Abóbora-moranga: abóbora arredondada de cor laranja vivo.

Ailia: nome pelo qual é conhecido o gengibre em Timor-Leste.

Andala: peixe de porte grande, conhecido no Brasil como espadarte.

Attieke: nome pelo qual é designada a mandioca ralada ou cuscuz na Guiné Equatorial.

Azeite de dendê: nome pelo qual é conhecido o óleo de palma não refinado no Brasil e em Angola.

Baguitche: conhecida no Brasil como cuxá, é uma planta com muitas variedades, que se diferenciam pela cor das suas flores. Consomem-se as folhas cozidas como acompanhamento e as flores em infusão como bebida.

Banana-pão: variedade de banana também conhecida no Brasil como banana-de-são-tomé.

Budu tasi: algas marinhas verdes utilizadas em saladas.

Búzio: nome genérico para animais marinhos gastrópodes, com concha fusiforme. No Brasil, a palavra está mais comumente associada ao jogo adivinhatório feito com conchas, uma herança africana.

Cajá-manga: fruto tropical com sabor de manga ácida.

Camate sinho: variedade de tomate pequeno da Guiné-Bissau.

Candja: nome pelo qual é conhecido o quiabo na Guiné-Bissau.

Cardamomo: especiaria da culinária indiana que enriquece os pratos com sua fragrância floral.

Caril: o mesmo que curry, um condimento amarelado em pó, picante, usado em carnes, frutos do mar, peixes etc. Molhos preparados com esse condimento também podem ser chamados de caril.

Citi: nome pelo qual é conhecido o óleo de palma na Guiné-Bissau.

Cunquate: fruto cítrico de pequena dimensão, consumido com casca e originário dos países asiáticos.

Feijão sorroco: variedade de feijão.

Físalis: fruto tropical amarelo-escuro muito utilizado na decoração de pratos.

Folha de micocó: planta conhecida no Brasil como manjericão.

Folha mosquito: planta conhecida no Brasil como manjericão.

Forai: designação dada ao amendoim em Timor-Leste.

Fruta-pão: utilizada como substituto da batata e da mandioca. Pode ser consumida frita, cozida ou assada.

Fubá: designação dada à farinha de milho ou de arroz no Brasil e em vários países africanos.

Hudi: nome pelo qual é conhecida a banana no Timor-Leste.

Inhame: tubérculo usado como substituto da batata e da mandioca, consumido geralmente cozido, mas que também pode ser assado ou frito.

Jindungo: nome pelo qual é conhecida a pimenta-malagueta em Angola.

Jinguba: nome pelo qual é conhecido o amendoim em Angola.

Kinur: palavra em tétum (língua oficial do Timor-Leste, junto com a língua portuguesa), que significa amarelo. Conhecida no Brasil como cúrcuma, esta é uma raiz utilizada como corante natural.

Kizaca: nome pelo qual é conhecida a folha de mandioca em Angola.

Malanga: nome pelo qual é conhecida a folha de mandioca na Guiné Equatorial.

Modica: fruto do qual se retiram as sementes, que dão origem a uma pasta semelhante ao chocolate.

Rolon: nome pelo qual é conhecida a farinha de milho em Cabo-Verde.

Tamarindo: fruto tropical em vagem, com sabor ácido.

Tucupi: caldo da mandioca-brava, de cor amarelada, utilizado na cozinha amazônica.

Receitas

Acarajé: receita do Estado da Bahia. É um bolinho frito à base de feijão-fradinho.

Aloso godo jojondjo: arroz-doce com coco.

Angu: banana esmagada e dourada em gordura.

Caipirinha: coquetel brasileiro feito geralmente com limão, açúcar, gelo e cachaça.

Calulu: estufado de peixe ou carne.

Chacuti: receita moçambicana, de influência indiana, feita com várias especiarias.

Farofa: farinha, normalmente de mandioca ou de milho, em geral (mas não obrigatoriamente) torrada em gordura.

Fiote: comida de rua que consiste num rolinho feito à base de banana e farinha de milho.

Funge ou pirão: acompanhamento feito à base de farinha de milho ou mandioca.

Hudi sona: prato que consiste numa variedade de banana frita.

Katupa: receita que consiste num arroz cozido com coco dentro de uma folha de coqueiro.

Lomandoha: receita feita com folhas de mandioca, peixe e modica.

Mucapata: acompanhamento à base de feijão sorroco e arroz.

Pepesup: receita de sopa à base de peixe e pimenta-malagueta.

Pirão: receita afro-brasileira à base de farinha de mandioca e caldo de peixe.

Pitch-patch: receita de sopa à base de ostras.

Sasate: espeto que pode ser feito de peixe ou carne e leva um molho à base de amendoim, tamarindo e molho de soja.

Saboko: receita que consiste num peixe assado ou grelhado em folha de bananeira.

Tukir: receita à base de cabrito estufado tradicionalmente elaborada dentro da cana de bambu.

Técnicas culinárias

Brunoise: técnica que consiste em cortar legumes em cubos pequenos.

Confitar: método de conservação e de cocção que consiste no cozimento em gordura, a baixas temperaturas, durante um período prolongado de tempo. A carne, depois de cozida, pode ser conservada dentro da própria gordura de cozimento

Dourar: método de preparação de alimentos em frigideira com utilização de pouca gordura.

Escaldar: método que consiste em colocar um vegetal num recipiente com água fervendo durante poucos instantes.

Julienne: técnica que consiste em cortar legumes em pequenos palitos de fina espessura.

Ponto de estrada: ponto de calda que se obtém usando uma proporção de três partes de açúcar para uma de água, a uma temperatura de 120 °C.

Ponto de fio: ponto de calda que se obtém usando uma proporção de três partes de açúcar para uma de água, a uma temperatura de 115 °C.

Ponto de fio franco: ponto de calda que se obtém usando uma proporção de quatro partes de açúcar para uma de água, a uma temperatura de 110 °C.

Quenelle: termo francês usado para designar a forma dada a um preparado pelo manuseio de duas colheres.

Saltear: método de cocção de alimentos em que se usa uma frigideira com pouca gordura, realizando movimentos rápidos e firmes, para que o alimento rode no ar enquanto cozinha.

Selar: método de cocção de alimentos utilizado essencialmente para criar uma "capa" na carne, de forma a preservar seus sucos internos.

Triturar: passar os ingredientes por um processador de alimentos ou liquidificador.

Dados Internacionais de Catalogação na Publicação (CIP)
(Câmara Brasileira do Livro, SP, Brasil)

Simões, Luís
Os sabores da língua portuguesa: receitas de Angola, Brasil, Cabo Verde, Guiné-Bissau, Guiné Equatorial, Moçambique, Portugal, São Tomé e Príncipe e Timor-Leste / Luís Simões. — São Paulo: Editora Melhoramentos, 2017.

ISBN: 978-85-06-01142-3

1. Chefes de cozinha 2. Culinária (Receitas) 3. Gastronomia I. Título.

17-04798 CDD-641.5

Índice para catálogo sistemático:
1. Chefes de cozinha: Receitas culinárias: Gastronomia 641.5

Obra conforme o Acordo Ortográfico da Língua Portuguesa.

Publicado originalmente em Portugal, em fevereiro de 2016.

Fotografias: Ricardo Spencer, Jorge Simão, Sofia de Almeida, Marta Muniz Rosa, Nuno Nóbrega, Bernardo Conde, Isabel Nolasco, João Galamba
Equipe técnica de cozinha: Estevão Lopes, João Paulo Simões, Paula Simões, Tatiana Simões
Pesquisa: Susana Teixeira
Diagramação da edição brasileira: WAP Studio
Adaptação de texto: Sandra Espilotro

ISBN 978-85-06-01142-3
1ª edição, setembro de 2017.

Atendimento ao consumidor:
Caixa Postal 11541 - CEP 05049-970
São Paulo - SP - Brasil
Tel.: (11) 3874-0880
sac@melhoramentos.com.br
www.editoramelhoramentos.com.br

Impresso na China